JOSÉ PINAR FERNÁNDEZ

cine
Groucho

Veinte años de cine de autor
en Santander
2004–2024

Título: *Cine Groucho. Veinte años de cine de autor en Santander*

© José Pinar Fernández
Fotografías de Tito González
© Ediciones Tantín

ISBN: 978-84-128488-3-0
Depósito legal: SA-142-2024

Ediciones Tantín
C/ Camilo Alonso Vega, 10. 39007 Santander
Tlf: 942231382
E-mail: edicionestantin@edicionestantin.com
www.edicionestantin.com

En homenaje al cine de autor, parte importante en estos años de mi vida.

Introducción

Recuerdo desde muy joven mi interés por el mundo de la cultura en general. Asistir a la universidad en los años ochenta fue como ver una luz. Siempre la sigues. Y aunque aquella licenciatura en Geografía no derivó en ocupación profesional alguna en el sector de la cultura, esta sí se produjo años después cuando, tras otra nueva experiencia magistral, acabé poniendo en marcha mi propio negocio: el Cine Groucho en Santander.

Leyendo hace unos meses las memorias de Enrique González Macho me hizo gracia al aseverar que «el de exhibidor es un oficio al que te metes por herencia o por necesidad, nunca por vocación». Y decía más, que «en toda mi vida no he conocido a ningún niño que de mayor quisiera ser exhibidor de cine». «No creo que vaya a conocerlo nunca», incide. Pues aquí estoy, siendo el primero. Desde que asisto con regularidad al cine, en ese tiempo universitario, tener una sala y ofrecer una programación era ya un deseo tentador. Hasta hoy, cuarenta años para negar la mayor a González Macho.

Bromas aparte, en estas páginas que siguen, cuento la ilusión que he tenido por levantar y mantener un cine de autor —el Cine Groucho—, en una pequeña ciudad de provincias como Santander. Un proceso lleno de dificultades que he intentado sortear según fueron apareciendo. Y también de satisfacciones. Entre ellas, la más importante suponía estar a gusto con el trabajo realizado, uno de los principales objetivos de esta aventura personal.

Intercalo en los capítulos que siguen sobre la trayectoria de Groucho algunos autores importantes y algunas películas también, representativos ambos del estilo de cine que hemos ofrecido. Y aunque mi pasión por este fue la que impulsó y me dio fuerzas para la dura tarea de mantenerlo durante estos años, he de decir que era bastante ingenuo por entonces.

Las películas, los directores y sus estilos, sus historias y la profundización en todo ello ocuparon tristemente un segundo plano al inaugurar las salas para dejar paso a los oficios de la construcción y el mantenimiento, la contratación laboral, la gestión de la taquilla, aspectos administrativos, la limpieza y muchas más tareas no tan elevadas pero necesarias para la supervivencia del negocio. Pese a todo lo cual, la experiencia ha merecido la pena.

Y ahora, que me dispongo en los próximos meses a celebrar el XX aniversario de Groucho es buen momento para narrar aquí estos veinte años del proyecto y sus tribulaciones, con el cine de autor y los cineastas imbricados.

Termino estas primeras líneas expresando que, desde el punto de vista profesional, con ese contenido de negocio que es el cine de autor, el mero hecho de subsistir ya supone un éxito. Nunca se trató de ganar dinero, sino de que fuera lo suficiente como para dedicarse a ello. El cine de autor pasa en la actualidad una época de arrinconamiento frente a propuestas comerciales varias, más exitosas. En Groucho se peleó con toda la ilusión porque ese tipo de cine sacara la cabeza.

ANTES DE ABRIR

UN CINE ¡EN EL CENTRO DE SANTANDER!

Ya me avisaron de que el proyecto sería difícil. Todos me lo dijeron. Había unanimidad al respecto. Abrir un cine con el carácter de autor en el centro de Santander era una idea un poco peregrina, producto de una cabeza algo fantasiosa como la mía, pero desconectada de la realidad.

Corría el año 2004 y habían desaparecido de la ciudad, de su centro urbano, todos los cines existentes. Llevaban tiempo decayendo, luchando frente al imparable ascenso de los cines en centros comerciales del extrarradio que se habían instalado unos años antes.

Las primeras en cerrar fueron las cuatro salas del Cine Coliseum en 1999, en la remodelación que se hizo de la única sala teatral previa; el Capitol aguantó algo más. La sala más grande de la ciudad, con sus más de novecientas butacas. También los Multicines Bahía —otras cinco salas con mil cuatrocientas butacas en el barrio Castilla-Hermida— en su momento inauguradas con éxito. Fueron los primeros multicines que existieron en la ciudad, veinte años antes y tuvieron muchísimo público. Pero aquella época había pasado y la pujanza estaba ahora en el extrarradio. El último en cerrar fue el Cine Los Ángeles, sala única de trescientas cincuenta butacas, gestionada por la familia Restegui, al igual que los Bahía y el Capitol. Los Ángeles echó el cierre en 2002. Los otros en 2000 y 2001.

En aquel momento la ciudad quedó huérfana de cines. Los años 2002, 2003 y 2004 no hubo cine de estreno en el centro de la ciudad. Se comentó mucho en la prensa y en todos los medios en general: Santander era de las pocas capitales en España que no tenla cines en su centro urbano. Un golpe bajo para una ciudad orgullosa de su belleza y calidad de vida. Se habla quedado sin ese servicio. Hubo mucho eco mediático al respecto.

Pero frente a esa opinión de pena generalizada por la situación, de pérdida de una oferta que dignificaría a la ciudad de

11

Santander, estaba la realidad. El público que iba a los cines había preferido la opción del extrarradio frente al centro urbano. Las ocho salas del Centro Comercial Valle Real llevaban años con mucha asistencia de público, al ser las pioneras allí de ese tipo de consumo cinematográfico. Y la puntilla a las salas del centro urbano la dieron las aperturas de Cinesa —doce salas— en el Centro Comercial Bahía de El Corte Inglés y UCC (Unión Cine Ciudad) en el Centro Comercial Peñacastillo —doce salas más—. Ambas compañías se instalaron en el extrarradio en esos años 2000 y 2001 y sumadas a las ocho pantallas de la empresa Circuito Coliseo en Valle Real suponían una oferta de treinta y dos pantallas de estreno para la ciudad de Santander y sus alrededores. Ese fue el final para todo el entramado de salas de cine que aún quedaban en la ciudad por entonces. Las remataron. Las dejaron sin clientes y fueron cerrando progresivamente, hasta desaparecer por completo. Unas cuatro mil butacas menos.

La única posibilidad de ir al cine de estreno en el centro de la ciudad lo constituyó por entonces la Sala Bonifaz, donde desde años atrás se vino pergeñando el proyecto de sala institucional Filmoteca de Cantabria. Un proyecto que tardó muchos años en hacerse realidad, tras el incendio del edificio en obras, que finalmente se inauguró en 2002. Obra nueva, realizada por el prestigioso José María Pérez 'Peridis', aunque teniendo muy presente la imagen del demolido edificio de los años veinte, sede del antiguo Cine Bonifaz.

Al no existir oferta de estreno en el centro de Santander y dado que el extrarradio se especializó casi exclusivamente en cine de majors, el Cine Bonifaz, ya desde su inauguración en octubre de 2002, ofrecía junto a clásicos y otras programaciones propias de su carácter institucional, varias de las películas que no llegaban de estreno a la ciudad. Esa sala de ciento setenta y siete butacas solo abría de miércoles a domingo. Pero como no había más oferta urbana, el público de Santander fue asiduo desde su apertura.

De manera conjunta a esa huida del espectador santanderino y español al extrarradio de las ciudades —recordemos que la continua construcción de centros comerciales durante dos décadas, de 2000 a 2020, que absorbieron comercio y muchos otros servicios quienes anteriormente solo estaban en los centros urbanos, fue un proceso incesante en todas las ciudades españolas—, se iba produciendo también un cambio en los hábitos cinematográficos. El cine que se ofrecía en las multisalas era un cine dirigido al público más joven, blockbusters de las majors americanas, que progresivamente iban copando las carteleras. Un proceso paulatino pero incesante, en el que un lugar determinado —el centro comercial del extrarradio— ofrecía un tipo de cine concreto, orientado al entretenimiento, frente al cine que se ofertaba los años previos en los centros de las ciudades, un cine de una mayor calidad, europeo, de autor o como queramos denominarlo. Un proceso de cambio gradual pero definitivo.

Ese era el contexto de fondo que iba a encontrar con mi peregrina idea de abrir un cine de autor en el centro de la ciudad de Santander. No solo habían desaparecido todos los cines de estreno de la ciudad en los actos previos, sino que también el público estaba orientándose hacia el consumo de cine comercial, frente al tradicional de calidad. No había salas porque no había público. Y el público que las quería las buscaba en las afueras, donde se ofertaba el producto que ellos querían.

Iba a contracorriente de los tiempos, de las modas de consumo que habían llegado con fuerza y que hicieron adeptos entre la gente joven. Y eso no iba a cambiar, todo lo contrario, se iba a agudizar en los años siguientes. Y ese era mi contexto, deserción de público, cambio de hábitos, eclosión del extrarradio... un panorama que asustaba, para la idea de abrir en el centro de Santander un cine de autor.

FORMACIÓN Y CIRCUNSTANCIAS

Pero yo tenía la decisión bastante madura. Nunca fue definitiva, pero iba avanzando en muchos de los aspectos del proyecto. Había recalado en Santander varios años antes, donde mi familia me dejó ocupar un pequeño apartamento y donde había pasado muchas temporadas mis vacaciones infantiles. Allí estaba viviendo, conocía la ciudad un poco de aquellos veraneos de playa en el pasado y los años de estancia actual, en busca de una ocupación diferente.

Tengo que decir que llegué a Santander de rebote. Años antes me matriculé en un posgrado que impartía la Universidad de Deusto, en Bilbao. Era bastante original y novedoso y se titulaba Master en gestión de ocio. Fueron dos años intensos de formación. El primero, asistiendo a clases en Bilbao, en la facultad. El segundo, tras unas prácticas empresariales que realicé en Durango durante varios meses —el técnico del área pensaba organizar unas jornadas de turismo rural—, consistió en presentar el proyecto final para tener la titulación. Y como estaba el apartamento de la playa en Santander, a una hora de distancia en tiempo de Bilbao y apenas tenía que asistir a unas tutorías para supervisar cómo avanzaba mi trabajo final, me trasladé a vivir a Santander. Era más económico para mí que permanecer en Bilbao.

Ya no salí de Santander. Iba de vez en cuando a Bilbao. Avancé el trabajo de fin de master y un tiempo después, obtuve la titulación tras presentar al tribunal un proyecto sobre un alojamiento estudiantil. Todo ese tiempo viviendo en Santander, trabajando poco a poco en el proyecto de residencia, me ayudó a conocer más la ciudad. En aquellos años era como una esponja. Tenía bastante tiempo libre, asistía a decenas de actividades culturales, estaba conociendo un nuevo entorno y claro, iba al cine. Iba mucho al cine, quizá demasiado. Siempre he ido demasiado al cine. Siempre era un buen momento para ir. Y fui viendo las propuestas, las infraestructuras, las carencias de varios sectores culturales, aunque con especial atención al cine.

Me fui aclimatando a la ciudad. Todo era novedoso para mí. La vida era muy distinta a la que se hacía en una ciudad de interior como Valladolid. Nuevas relaciones y amistades. Iba embebiéndome de ese nuevo contexto y progresando en la idea de mi nuevo proyecto, abrir un cine con un carácter de autor en la ciudad. Hice algún curso relacionado con mi idea empresarial. En la agencia de desarrollo local hubo una formación concreta sobre la puesta en marcha de iniciativas empresariales y me apunté a ello. Me sirvió de guía. Avancé en tener claras las cosas y todo fue madurando hasta hacer del hobby un trabajo.

Ya durante ese año de estudios en Bilbao, la asistencia al cine era casi diaria. Estaba estudiando, tenía pocas horas de clase y no todos los días. Vivía en el ensanche, cerca de la Plaza de Indautxu y estaba rodeado de cines. Bajaba a la sesión de 22:30. Tardaba tres minutos desde casa a las salas. Elegía Multis o Mikeldis, a veces Ideales. Entre los tres suponían unas diecinueve pantallas y la cartelera de estreno la daban casi completa. Saciaba así mi afición. Dejaba a mis compañeras de piso viendo la televisión y bajaba a ver buen cine en los alrededores. Siempre había una película de calidad. Si no estrenaba Wenders, Frears o Kieslowsky, lo hacía Chabrol, o sus paisanos Rohmer, Resnais, o el inigualable Wong kar way. O el megalómano Herzog. O el combativo Spike Lee. O el desbordante Kusturica. O el británico Parker, u otros. Decenas de cineastas se sucedían en unas carteleras de cine interminables. Tenía el gusanillo metido en el cuerpo y disfrutaba como espectador.

Esa situación se repitió en Santander. En ese tiempo de desarrollo del proyecto fin de master, los cines de la ciudad estaban languideciendo. Era el final de un ciclo y el comienzo de otro, con el extrarradio como protagonista. Pero yo aproveché lo que pude. Asistí al final de las salas urbanas (Capitol, Los Ángeles y Bahía) y el definitivo sorpaso del extrarradio (Cinesa y UCC), sumándose a las más asentadas salas de Valle Real.

En aquellos años, recién llegado a la ciudad, asistía a la programación llamada filmoteca en el Palacio de Festivales, un día a la semana, generalmente los jueves. Clásicos y algún que otro estreno. Esas programaciones se ubicaron definitivamente en el Cine Bonifaz al finalizar su construcción. Tras su inauguración, me convertí en un asiduo. A la par asistía a ciclos e iniciativas varias que se hacían con apoyo público en otros espacios de la ciudad a lo largo del año.

En esas circunstancias, con una titulación que, en lo práctico no me sirvió para casi nada y conociendo mejor la ciudad y su actividad cultural en general, con mi gusanillo por el cine bien adentro, viendo un pequeño hueco o nicho de mercado, decidí ir adelante con mi proyecto de cine de autor. Antes, estuve meses buscando con mi reciente titulación un encaje profesional que no terminaba de aparecer. Fue un tiempo algo frustrante con algunas entrevistas que no llevaban a ningún lugar.

Por otra parte, el tipo de cine que más me gustaba, ya desde muchos años atrás, siempre era poco comercial. Eran propuestas alejadas del mercado americano más convencional, que giraban en torno a autores con cierto reconocimiento en Europa, con presencia y premios en los festivales más importantes. Siempre me pareció que ese tipo de cine reflejaba muy bien las temáticas que trataba. Tenía además mucha frescura en su forma y, muy a menudo, me conmovía. Se podían nombrar decenas de directores que irrumpían cada año con fuerza, cada temporada varios españoles entre ellos. Ese era el cine que me gustaría ofrecer en el futuro Groucho. Cineastas como Francois Ozon, Michael Winterbottom, Terence Davies, Nanni Moretti, Moncho Armendáriz y muchos otros. Todos reflejaban historias cercanas, con un tono realista. Y yo me identificaba con ellos, me encantaban sus historias y cómo las contaban en sus diferentes estilos.

UN NOMBRE PARA EL CINE

Una vez decidido ir hacia adelante con un proyecto temerario, había que ponerle nombre. Era esa una cuestión básica pues un nombre implica dar claves sobre su contenido. No íbamos a llamar de cualquier forma a las futuras salas cuando estaba clara la línea de programación que pretendíamos seguir, y digo íbamos porque por aquel entonces había sumado un socio al proyecto.

Había en la ciudad como ya he dicho, unas cuantas iniciativas culturales en tomo al cine y, como yo asistía a todo lo que podía, al final acabé teniendo buena relación con alguien del mundillo. Su nombre era Guillermo y daba algún seminario y organizaba algunos ciclos en espacios de Santander y en ayuntamientos cercanos a la capital. Se quiso sumar al proyecto y estuvimos varios meses avanzando la idea conjuntamente. Creo que la decisión del nombre se tomó por entonces, así como otras cuestiones sobre el lugar de ubicación y aspectos varios del negocio que se iban descubriendo.

Al final, esa sociedad no fructificó y antes de abrir el establecimiento volví a encontrarme solo en la aventura, como estuve al principio. Y todo continuó adelante en la idea que había elaborado desde tiempo atrás.

La cuestión era elegir un nombre que fuese popular de una parte, que tuviese tirón, que aludiese a alguien muy conocido. Pero que, por otra parte, tuviese intelectualidad, supusiese algo especial. Unir con el nombre ambos conceptos: facilidad comercial y calidad. Renoir era el circuito más importante existente por entonces en España en esa línea. Y unía ambas ideas. Ejemplo a seguir.

Por otra parte, aunque estuviese viviendo en Santander, soy de Valladolid. Crecí en Valladolid, me eduqué y viví allí hasta los treinta y tantos años. Por entonces, iba con frecuencia, estaba en contacto con la familia y amigos. Y conocía los cines existentes y su pasado en mi ciudad. Recordaba la época universitaria. Obtuve mi licenciatura en Geografía en la Universidad de Valladolid tiempo atrás. En aquellos años, frecuentaba con una novia una pequeña sala que existía en el centro histórico de la ciudad. Era una sala muy particular, planta única en un local pequeño que estaba en la calle Cadenas de San Gregorio, enfrente del Museo Nacional de Escultura. Eran solo noventa butacas, cinco únicas filas de dieciocho butacas cada una. Sin grada, solo con una ligera pendiente.

Inaugurado por entonces, su dueño lo dejó pronto y su socia inicial llevó, junto a una hija, el establecimiento hasta su cierre tiempo después. La sala se llamó Groucho y fuimos asiduos durante los pocos años que duró abierto. Había un trato personal con los clientes habituales, todo muy accesible y cercano. Por otra parte, tenía una buena programación de estreno que alternaba con algún clásico y recuerdo que ofrecía unos simpáticos bonos para la frecuentación de la sala. Su fundador había abierto otras salas en la ciudad que seguía gestionando pasados quince años. José María Álvarez dejó a su socia en Groucho e inauguró el Cine Casablanca, cerca del Teatro Calderón y en otra parte de la ciudad vieja. Desde su apertura, se había convertido en un cine emblemático en la ciudad.

Tras conocemos personalmente y entablar una cierta amistad que llegó hasta su fallecimiento muchos años después, le pareció estupendo que utilizase el mismo nombre para mi iniciativa santanderina. Siempre que volvía por Valladolid le hacía una visita y mantuvimos un estrecho contacto telefónico todos esos años. He de decir que fueron muchas las conversaciones con José María, antes y después de inaugurar yo el Cine Groucho en Santander; y que, sus puntos de vista y su conocimiento me fueron muy valiosos para apuntalar mi proyecto.

Teníamos nombre. Mi socio estuvo conforme, amante del cine como era, con esa elección que creíamos unía el populismo y la intelectualidad como se pretendía. Entonces, así se llamaría si lo conseguíamos: Groucho.

UN LUGAR PARA GROUCHO

Teníamos un nombre que ponerle y un proyecto en la cabeza y en papel, dado que íbamos avanzando poco a poco en su plasmación por escrito. Eso era importante tanto para el mismo proyecto real como para una búsqueda de financiación, que ya se presentía no sería fácil. Así, esa traslación continua al papel nos ayudaría a ambas cosas. Con ambas casi resueltas, podíamos avanzar.

Nos quedaba por delante la tarea más importante. Hallar un sitio donde ubicarlo. Encontrar el lugar del cine. Toda una tarea que yo había emprendido en solitario tiempo antes, que continuó en compañía y que llevó meses. Locales, visitas comerciales a inmobiliarias y a técnicos de todo tipo, desde constructores hasta arquitectos. Todo ello de una forma dispersa, dando bandazos, sin un lugar definitivo con el que trabajar. El ayuntamiento siempre estaba presente en nuestras pesquisas dado que tendría que contestarnos sobre la validez del mismo para ese uso, que tampoco se anticipaba fácil.

A la par de esa dificultad para encontrar un local apropiado, nos llegaban informaciones de varias iniciativas anteriores a la nuestra en la ciudad que desistieron ante esa situación, lo que nos desmoralizaba a veces. Empresas potentes que habían intentado instalarse en Santander y no lo habían conseguido.

Se hicieron bocetos de varios locales que nos ofrecieron. Se avanzó a ciegas en diferentes lugares y con varios profesionales, pero cuando no eran muchas las columnas del espacio, era el elevado precio del alquiler, o la insuficiente altura, o bien la situación legal del local. La cosa no pintaba bien. Era complicado encontrar lo que se estaba buscando. Y eso que teníamos claro que el lugar debía ser céntrico, acorde con la oferta de cine que se pretendía hacer. El extrarradio y los barrios tenían lugares válidos para el proyecto y en precios asequibles, pero tenía que ser en el centro o no sería. El futuro Cine Groucho no admitía otra ubicación.

En esos meses y por una relación de Guillermo, entramos en contacto con un arquitecto más. El proyecto tuvo algún estudio anterior que inició todo, pero en ese punto nos centramos en ese nuevo profesional cercano a mi socio. Él desarrolló finalmente el proyecto de las salas y también se tragó conmigo buena parte de la obra. Así que fue una persona clave en que todo acabase bien y se pudiera inaugurar el cine. Era Domingo de la Lastra, arquitecto que conectó perfectamente con el proyecto y que se puso a trabajar en él.

Domingo era una persona cercana. Empezamos a entrar y salir de su oficina como Pedro por su casa y nos hicimos amigos con la intensa relación que tuvimos en esos meses. Hay que decir que Domingo no es arquitecto de grandes obras, sino todo lo contrario. Y, además, es muy sensible a las iniciativas culturales, así que la idea de un cine de autor en el centro de Santander le entusiasmó; y le agradeceré siempre su interés y su proyecto de obra.

Estábamos buscando un espacio de unos cuatrocientos metros cuadrados que albergase varias salas. No lo teníamos del todo claro, pensábamos ajustarnos al lugar que encontrásemos. Podría ser un poco más grande o menor. Iba a depender de varias cosas como el precio del alquiler o la forma del mismo. Al final de esa búsqueda lo que surgió nos posibilitó hacer dos salas de cine con doscientas butacas en total. Una realidad final cercana a la idea que teníamos.

He de decir que la ciudad entera, en cuanto a inmobiliarias y agentes, tenía nuestro teléfono y sabía lo que estábamos buscando. Yo había visitado personalmente y, en varias ocasiones, a muchos de ellos. Estuve meses viendo lugares, calles, agentes e inmobiliarias.

Tras muchas idas y venidas, decenas de visitas comerciales, varios bocetos en locales imposibles, negociaciones que no fructificaban y unas cuantas posibilidades no válidas encima de la mesa, nos impacientábamos diariamente sin ver dónde estaría la solución. Y tras meses con esa tarea, avanzado el año 2003, recibimos una llamada de una inmobiliaria: les acababa de entrar un local que podría valer para nuestras pretensiones.

A partir de aquí todo fue muy rápido en la toma de decisiones, consultas municipales y bocetos del proyecto mediante. El local permitía hacer dos salas en él, contaba con un callejón de entrada singular y tanto por la altura como por el precio, era todo factible. Al no estar en primera línea de calle, nos posibilitó el negocio.

Al ser positiva la contestación municipal y técnica, el Cine Groucho había encontrado ubicación en el centro de Santander. En la Calle Cisneros, junto al decimonónico Mercado de la Esperanza y pegado casi al ayuntamiento. El local llevaba varios meses abandonado y había sido utilizado previamente como almacén de estanterías. La ilusión iba a poder con todo y nos pusimos en marcha para llevarlo a buen puerto.

LICENCIA Y OBRA

Fue la obra del cine una iniciativa mal vista al comienzo entre la vecindad. Había bastantes prejuicios. No sé qué pensaría la gente que se iba a hacer allí. Ya con la tramitación administrativa de la licencia de obra, hubo un periodo de alegaciones para los vecinos y comunidades circundantes. Y bien que lo utilizaron. Se presentaron unas cuantas. Había inquietud y el ayuntamiento les respondió a todos.

Hubo muchas anécdotas graciosas y otras no tanto respecto a la puesta en marcha de un cine en ese lugar céntrico. Una vez tuve que echar a un vecino de un piso cercano que se había colado en la obra y discutía con un trabajador albañil sobre si habría mucho ruido cuando funcionaran las salas.

El tiempo que duró la obra fue una aventura en sí mismo. Casi no lo supero. Aproximadamente un año conviviendo con todo tipo de problemas. Parece mentira que un negocio pequeño pueda tener tantas adversidades o enemigos en su contra. Pero así fue ese período. Una carrera de obstáculos tremenda.

Corría enero de 2004. Una vez superada la licencia de obra municipal tras meses de tramitación, y habiendo estado semanalmente pendiente de la misma, la reforma comenzó con una empresa constructora conocida del arquitecto con la que muy pronto surgieron desavenencias económicas. Apenas realizada una pequeña parte del proyecto, un quince o veinte por ciento, se paró la obra. Denuncias, malas caras, discusiones, enfrentamientos. Al final, todo quedó en manos de la justicia para una solución. Retrasos, esperas, desesperanza. Un verdadero calvario. Ya habíamos firmado un contrato con la propiedad del local e íbamos a pagar una renta en los siguientes meses.

Varios meses de parón que se solucionaron con la llegada de otra contrata que, de malos modos, obligó a los primeros ejecutantes a esperar las deliberaciones de la justicia —previa peritación de lo hecho— y continuar ellos, abogados mediante, avanzando la obra, dado que los primeros no querían irse del local.

En ese nuevo episodio se pasó a una situación aún más difícil que la primera. Una vez reiniciada la obra, el nuevo contratista nos engañaba con promesas diarias de avances que luego no se realizaban. Habiéndole liquidado buena parte de los trabajos por anticipado, nos dejó inactivos con su lentitud. No avanzaba el proyecto o lo hacía muy lentamente. Fueron pasando varios meses así. Tras un tiempo, el contratista ni nos cogía el teléfono, estaba desaparecido. Nos mintió y nos engañó; pero es que además tenía nuestro dinero. Situación imposible de gestionar de nuevo.

Las únicas alegrías en esos meses, producto de la ilusión que teníamos por el proyecto, fueron los viajes que hice con Domingo por orientarle sobre las futuras salas. Hicimos varias excursiones de un día. Nos fuimos juntos a Pamplona, donde Golem, que era un importante exhibidor en nuestra línea de cine, tenla recién inauguradas las salas Yamaguchi. También estuvimos otro día en Avilés (Asturias), donde visitamos los Cines Marta que ocupaban un edificio histórico e igualmente en Valladolid, visitando el Cine Casablanca, donde Domingo me decía dándome ánimos que nuestro proyecto iba a ser mucho mejor, nada que ver con todos aquellos locales.

También por mi parte hice varios desplazamientos en solitario. Sobre todo a Madrid a ver espacios que se pareciesen al futuro Groucho. Fueron varios fines de semana salteados de investigación de salas. Me llamó la atención que apenas hubiese cines del tipo que yo pretendía tener. En cambio, varias salas de teatro sí se ubicaban en patios de manzana interiores, tras callejones de entrada sugerentes, con dimensiones más parejas a lo que yo podía hacer que las que me ofrecían los cines. Visité varios de ellos, observando entradas, planos, accesos, distribuciones. La sala Cuarta Pared me sedujo; La Guindalera también me gustó. Era la moda de los teatros alternativos y en ese sector había más innovación que en los cines, donde los proyectos no existían. No había prácticamente cines de nueva creación, salvo en los centros comerciales, claro. Pero esos eran todos iguales y mi interés en ellos era nulo. Apenas recuerdo algún espacio singular cinematográfico en aquellas visitas a Madrid. El Pequeño Cine Estudio fue uno de ellos. Fue un referente para Groucho. Era una única sala, pero atractiva. Situada en la calle Magallanes, en pleno barrio de Chamberí. Unas cien butacas, hall de entrada acogedor, cine urbano, cordialidad. En esas escapadas se vieron otros cines, pero generalmente eran más grandes, de una dimensión por encima de la nuestra. Alphaville era el de mayor prestigio. O algunos de la cadena Renoir alrededor de Plaza de España. El nuestro iba a ser más humilde. No eran comparables. Me gustaban sus programaciones, pero los locales estaban por encima de nuestras posibilidades.

También recuerdo un viaje de dos días con una noche por medio en Madrid, esta vez con Guillermo. El primer día fuimos hasta Albacete, donde desde hacía poco tiempo un distribuidor conocido de Santander, Daniel Gallejones, estaba gestionando cuatro salas de pequeño tamaño —el Cine Candilejas—. Nos dimos una buena paliza de kilómetros, unos seiscientos cincuenta desde Santander y, tras visitar las salas, el local, la programación y demás, nos dirigimos de vuelta a Madrid a ver el Cine Verdi, recién abierto por su nueva empresa gestora en la calle Bravo Murillo, donde aparecimos a última hora de la tarde después de otros doscientos veinte kilómetros del ala. Esas otras cuatro salas, las acababa de coger Enrique Pérez, empresario barcelonés de mucho éxito allí con su proyecto de multicines de autor que, ampliaba por entonces a Madrid. Nos gustó ese cine, pero como otros ya vistos en otros viajes no estaba a nuestro alcance ni por sus dimensiones, ni por su ubicación. El visitado en Albacete, sin embargo, nos decepcionó bastante, era una iniciativa muy pobre en general.

En medio de ese tiempo, mientras avanzaba poco a poco la obra en el local, hubo también otro desplazamiento con el socio. Fue a Salamanca, donde estuvimos varios días y donde compramos la maquinaria de proyección. Importante cuestión que se decidió entre varias posibilidades. Material de segunda mano, aunque en buen estado, que provenía de un cine cerrado en Ávila tiempo atrás y que el comerciante nos instalaría apoyándonos en los inicios de su funcionamiento. Dos máquinas Prebost italianas para la proyección. Cuarenta y dos mil euros costó la broma.

Pasaban los meses y el contratista estaba desaparecido. No daba señales de vida. Ya estábamos pagando el alquiler y había que terminar la reforma como fuera. La obra todavía estaba por rematar. Estábamos en una encrucijada.

En esas circunstancias, se decidió terminarla por nuestra cuenta. El arquitecto se implicó. Ayudaron varios amigos que, con carácter voluntario y desinteresado, nos fueron echando una mano cada uno como podía, junto a tres o cuatro trabajadores de varios oficios que yo iba contratando. Esos amigos de la ciudad supusieron un último y definitivo impulso para el proyecto. Todos ilusionados por la apertura de un cine en el centro, recuerdo un fin de semana (sábado y domingo) que, entre quince personas, amigos todos, y entre ellos Pepe, un profesional, se pintó todo el local y se dio un buen avance final a la instalación.

Pero antes, llamativo fue también el día en que pavimentaron el callejón de entrada. Lo hizo una empresa local con su grupo de trabajadores rumanos. Les llevó toda la jornada. El camión hormigonera en la entrada y el incesante trasiego de las carretillas en el lugar fue bastante escandaloso para lo habitual del barrio. Y, al final, con la forma de losetas y el tinte gris, el callejón de entrada fue otro.

Tras aquello, uno de los días más importantes para el final de la obra fue el de la instalación de las butacas que compramos a una empresa riojana en el pueblo de Ezcaray, donde se ubicaban varios fabricantes y al que fuimos en alguna ocasión. Hubo suerte y pusimos la butaca de una partida que tenía el fabricante parada en su almacén, dado que el cine al que iba destinada decidió cerrar. Nos aprovechamos de esa circunstancia y de un precio algo más asequible. Recuerdo que aquel día se pidieron varios permisos especiales para la circulación e incluso se hicieron planos con el recorrido en Santander del enorme camión en que vinieron las butacas y los trabajadores para hacer su instalación. No pasó en el barrio inadvertida esa jornada.

Al final, fueron casi doce meses desde que empezó la reforma del local. Con muchos flecos por rematar y cosas sin resolver, se puso fecha de apertura para el 3 de diciembre de 2004, viernes, previa celebración de una fiesta de inauguración el día anterior. Así, por fin, abriríamos al público el Cine Groucho.

INAUGURACIÓN

La situación de la nueva pequeña empresa era complicada en todos los frentes. Se necesitaban muchas manos para resolver problemas en todos los ámbitos. Y, además, volvía a estar solo. Guillermo, que estuvo unos meses conmigo, no volvió más. Habíamos discutido en varias ocasiones y afloraron ciertas desavenencias durante la reforma.

También hubo momentos de tensión días antes de la apertura en la última revisión municipal que hicieron los técnicos finalizada la obra. El área de urbanismo puso algún inconveniente sobre la construcción y entre Domingo, colaboradores y yo mismo empujamos hacia adelante las cosas.

Y por fin llegó el día de la inauguración. Un día de locos en muchos aspectos. Ya en los días previos, con el encendido del luminoso exterior y varios de los remates de la obra, el público había estado curioseando en la entrada y demás. Algunos se colaban a ver qué se hacía. También la prensa nos estaba dando mucho bombo desde días antes. Meses atrás ya sacaron varias noticias del proyecto e informaron del avance de las obras de reforma. Había gran expectación en la ciudad ante la apertura de unas salas después de varios lustros con únicamente cierres de cines en el centro de Santander.

Llegamos a ese día con muchos remates por hacer, con aspectos de la obra cogidos con alfileres. Cosas provisionales y temas pendientes de acabados. Algunas ideas incluso que tuvimos que olvidar por años como un escenario. Otras terminadas precipitadamente. Fueron unos días de nervios y prisas.

Y además dábamos una gran fiesta. Ese día solo enseñábamos al público las instalaciones. Se tomaría un vino en el vestíbulo del cine y organicé, junto a muchos de los amigos que me ayudaron en las obras finales, esa fiesta de bienvenida. A ellos se sumaron los trabajadores que había contratado días antes y que ya estaban cada uno con su función, trabajando en sus primeros días. Y también muchos amigos que vinieron de fuera, sobre todo de Valladolid, aunque también de Madrid y Bilbao. Se sumó a la ayuda un camarero de un bar cercano, quien nos suministró sus afamadas tortillas. Entre todos, se dio una gran fiesta de inauguración del local, con luces encendidas, rabas y vino de Cigales para todos, viendo trailers con las instalaciones impolutas y la obra como protagonista del día.

Recuerdo que salió un día de perros, con mucha lluvia y frío, un día desapacible a más no poder. Sobre las ocho de la noche, con decenas de personas esperando en el exterior, impacientes por entrar y ver, varios operarios trabajando en remates de todo tipo en las instalaciones, carpintería, pintura, electricidad, yo estaba atemorizado por la situación. La lluvia no dejaba de caer y le comenté al arquitecto:

—*¿Suspendemos el acto entonces?*

Nos van a arrasar el cine. Hay decenas de personas fuera esperando, ¿qué hacemos?

Y Domingo, con su pachorra habitual me contestó:

—*Hemos hecho una instalación para el público, abierta a todos. Para ellos es, así que lo utilicen y que pase lo que tenga que pasar, adelante.*

Lleno de miedos, dimos entrada a la gente con agua cayendo por todos lados. Pero con mucho calor también, con fiesta y diversión. Amigos, conocidos, futuros clientes, todos disfrutando del momento, expectantes, ilusionados. El Cine Groucho a punto.

Las salas les encantaron. Desde el primer momento, la idea, el diseño, el callejón de entrada, los colores de las salas, el espacio. En general toda la instalación tuvo sus fans desde ese día. Una suerte para la empresa que empezaba al día siguiente con los estrenos.

A tres trabajadores había contratado en los días previos para ocupar dos puestos de trabajo y, desde entonces, son los puestos que ha habido en el Cine Groucho hasta la actualidad.

Uno de ellos se repartió entre dos amigos que eran entonces Ana y Eduardo. El operador Nacho para el otro, y yo al frente de la empresa, que 'igual planchaba una camisa que freía un huevo' porque entre el final de la obra y sus remates, la programación inicial, los medios que te requerían y toda la parafernalia de la inauguración, no había horas en el día para aquello.

Por fortuna, el vendaval y la tormenta se superaron y la fiesta salió bien. Al día siguiente, viernes, con la licencia de apertura del Ayuntamiento de Santander que me dieron a las 14:30 horas de esa misma tarde en sus oficinas, nos dispusimos a inaugurar el Cine Groucho al público.

Quedaba una última celebración, esta vez algo más privada, ya que con los amigos que vinieron de fuera, más otros de Santander, nos fuimos a festejar la buena marcha de la inauguración cenando en el club de Tenis de La Magdalena. Isabel, una amiga que ayudó lo suyo durante la obra, era socia del club y reservó para un grupo de quince. Un sitio elegante que gustó mucho a los de fuera, pese a ser de noche y poco se viese del impresionante exterior; y donde estuvimos muy a gusto. No recuerdo qué siguió a aquello, me imagino que algunos sitios de copeteo en la ciudad; poco a poco, nos iríamos dispersando a las casas y hoteles dado que el día había sido agotador.

DURANTE DIEZ AÑOS

FINANCIACIÓN Y DEUDA. EL LASTRE DE LOS INICIOS

La situación financiera fue un auténtico lastre para el negocio. Si ya de por sí iba a ser difícil sacar adelante una propuesta de cine en contra de la tendencia imperante en el mercado, lo sería aún más si para nuestra apertura la deuda era muy grande. Se nos escaparía de las manos.

Esa situación condicionaría los primeros años por completo. Estuve seis devolviendo préstamos, en varias direcciones. Y ello gracias a un esfuerzo ímprobo en el día a día, y a que la actividad funcionó curiosamente desde la apertura.

No obstante, todo salió mal en cuanto a las previsiones. A pesar de tener un elaborado plan de negocio y de llevarnos bastante tiempo todo el proceso, no dimos ni una en el clavo. Necesitamos bastante más dinero de lo que pensábamos, aparte de estar a punto de no superar todos los problemas que, una licencia tan lenta primero y, una obra tan larga después, nos acarrearon.

Yo apenas disponía de unos noventa y seis mil euros. Mi socio tenía que aportar veinticuatro mil por su veinte por ciento de las acciones en que dividimos nuestra sociedad. Y con el presupuesto y demás valoraciones, íbamos a necesitar otros sesenta mil para realizar la obra al completo. Una ayuda pública de quince mil euros redondearía la inversión. Ciento noventa y cinco mil euros en total. Unas optimistas previsiones que se fueron al traste con el paso de los meses, tras el parón de la obra, producto del conflicto con el industrial que la inició; con la nueva contrata más tarde con su huida o desaparición, y con los remates finales ya dirigidos por mí que se harían después.

Hubo en esos meses unas cuantas situaciones que no ayudaban a los proyectos emprendedores. Había un impuesto para las arcas autonómicas que gravaba el dinero que iba dirigido a emprender. Si destinabas ciento veinte mil euros al capital social de la empresa, había que pagar un 1,5% a la hacienda autonómica —actos jurídicos documentados—. Ese fue el primer castigo a la inversión nada más formalizar la sociedad limitada, porque mil ochocientos euros que sí, pudieron retrasarse y dividirse en dos plazos: pero al final, hubo que apoquinar. Y era por abrir un negocio con tu dinero ahorrado. Una medida fiscal que castigaba nuestra inversión.

Así fueron varios de los aspectos del inicio. La licencia de obra municipal tan 'solo' suponía un 4% de lo presupuestado en la reforma, siempre que se concediese. Y aunque los presupuestos se hacían a la baja por pagar algo menos, el Ayuntamiento de Santander 'castigaba' esa inversión en la ciudad con dicho porcentaje. Ingreso importante para el municipio, pero muy descorazonador para el pequeño empresario que tiene que pagar por su inversión. El presupuesto de reforma estaba sobre los ciento veinte mil euros, así que en nuestro caso se trataba de cuatro mil ochocientos euros del ala.

También la negociación con la propiedad del local se hizo mal y, pese a que se nos dieron seis meses para realizar una obra sin pagar ningún alquiler, dada nuestra inversión prevista, esos meses iniciales se nos fueron a doce sin darnos cuenta, y se estuvo pagando varios un alquiler sin tener inaugurado el cine. Lo cual supuso un sobrecoste de otros siete mil euros incrementados por la correspondiente fianza.

A ello hubo que añadir el parón de la obra realizada, a cuya empresa se había hecho un pago de veinticuatro mil euros en los primeros meses; y sabíamos que otro pago más, para cuya valoración se hicieron peritaciones, quedaría pendiente de una sentencia. Además, teníamos que afrontar el pago a un nuevo contratista para su finalización. Estábamos casi sin fondos y con más de la mitad de la obra por realizar.

Aunque llevó su tiempo, el primer préstamo que se nos concedió —esos sesenta mil euros que creíamos necesitar—, salieron adelante sin mucha dificultad con la oficina bancaria cercana de Caja Cantabria. Para la mitad del importe tuvimos el aval de Sogarca, una empresa de garantía que apoyó esos fondos. En esa financiación también hubo error, porque tuvimos que empezar a devolver la parte del crédito avalada por Sogarca bastante antes de inaugurar el negocio, con lo que hubo que pedir un segundo crédito para pagar el primero y el sobrecoste de la obra. Inaudito.

Para conseguir ese segundo préstamo la cosa ya no fue tan sencilla. No disponíamos de recursos, teníamos el negocio sin abrir, la obra estaba yendo muy lenta, los números en papel estaban muy mal realizados, no teníamos patrimonio. Todo se complicó y aunque el Banco Santander en su oficina de Puertochico se mostró favorable, necesitamos un par de avalistas para esa segunda deuda crediticia. Dos amigos vallisoletanos, Carlos y Luis, sellaron su firma para avalarme y salir en ese momento del atolladero donde estaba metido, porque había que terminar la obra y abrir al público. Otros sesenta mil euros, esa vez sí con un año de carencia para su devolución. Nuestra deuda seguía creciendo.

Además, en medio de todo eso estuvo la mencionada compra del material y los equipos de proyección, que hicimos en Salamanca tras un viaje de unos días. Se pagó una parte al contado, dieciocho mil euros, y otros veinticuatro mil en ocho letras firmadas de tres mil euros cada una, a pagar durante el primer año de funcionamiento del cine. Más pagos pendientes.

El arquitecto Domingo de la Lastra también estaba trabajando de forma casi gratuita porque al no tener fondos para cosas ajenas a la obra física, apenas se le pagaron tres mil euros en esos meses y dejamos su factura, pequeña pero importante, de otros seis mil euros más, para después de la apertura. A todo eso, tenemos que añadir los honorarios de algún abogado que mediante el conflicto se lucró lo suyo.

Hubo, sin embargo, un aspecto positivo en medio de esa vorágine. El apoyo del Gobierno de Cantabria al emprendimiento. Nos llegaron recursos en tres direcciones: a fondo perdido, por emprender un negocio de nuestro tipo (quince mil euros); una minoración de intereses de créditos para el que nos concedió el Banco de Santander; y un respaldo a la contratación de trabajadores (tres puestos de trabajo) sufragando las cotizaciones de todos durante dos años. Eso supuso un apoyo importante de reconocimiento y de impulso al proyecto. Chemi, el funcionario que más nos animaba fue siempre muy cariñoso y se lo agradezco mucho.

Entre el segundo contratista y los pagos de los remates finales se nos fue otro buen dinero. Con lo que hacia el final de la obra estábamos más tiesos que la mojama y, gracias a la espera paciente de varios colaboradores para cobrar tras la apertura del negocio, se pudo sortear esa situación límite.

Mi socio Guillermo, al cual se hizo poseedor de un veinte por ciento de acciones de un proyecto ajeno a él, remoloneaba y no acababa de entregarme su parte completa. Situación que terminé de raíz con su expulsión antes de la inauguración. Y, aunque la cuestión legal societaria se resolvería más adelante, desde entonces afronté en solitario todos esos aspectos finales del tiempo de obra e inicio del negocio.

Resumiendo: sin un duro, con créditos a pagar para los siguientes seis años, sin socio —que reclamaría su aportación en un futuro—, con compromisos de pago a algunos proveedores de la obra, desde el arquitecto hasta distintos oficios —recuerdo que el metalista nos financió otros seis mil euros a posteriori— y material; con letras firmadas de los equipos de proyección y con un juicio pendiente, que traería como sentencia un último pago para la empresa que inició la obra, el panorama era descorazonador. Con ciento veinte mil euros en nuestro bolsillo se inició todo y con una deuda de ciento sesenta y dos mil euros y ese tema legal pendiente, se inauguraría el Cine Groucho el viernes 3 de diciembre de ese año 2004.

EL CINE QUE GROUCHO PROPONE: AUTORES Y PREMIOS

Con el paso de los años, se ha ido imponiendo en los estrenos de la cartelera un tipo de cine muy comercial, asociado mayormente al mero entretenimiento. Un cine para pasar el rato. Las generaciones más jóvenes han ido suplantando a las más veteranas en estos últimos cuarenta años de los que hablo y los gustos de esos nuevos públicos han ido variando respecto al pasado.

Es un recorrido que puedo contar, el vivido por mí, aficionado desde joven al cine, en esa década de los ochenta en Valladolid, cuando rondaba los veinte años. Las cosas del estreno de cine eran entonces algo diferentes. El cine de autor estaba más imbricado en la sociedad. Los festivales importantes tenían más reconocimiento popular, y un premio en ellos era un impulso fundamental para la película. Gente como Polanski, Tanner, Tavernier, Angelopoulos o Schlondorf y otros muchos eran bastante valorados.

Esto en nuestros días no ocurre. Hoy, si hablas de Kore Eda Hirokazu, Christian Petzold o Michel Franco, eres un friki. Ese es el cambio que se ha producido en este tipo de cine. Ha sido arrinconado en los márgenes del mercado y de la sociedad. Y este es el cine que ha defendido Groucho en Santander. Desde nuestra apertura, nos posicionamos abiertamente ahí.

Hollywood no solo ha conquistado en estas últimas décadas el mundo de las salas a nivel mundial, es que además su tipo de propuesta es más superficial que nunca. Hace treinta o cuarenta años el predominio era evidente, aunque no tan abrumador como hoy en día. Pero es que el tipo de cine que se hacía entonces en Hollywood no era como el actual, ante cuyas producciones a veces se siente vergüenza. Al tiempo que cada vez hay menos sitio en los estrenos para lo demás.

Y lo demás no es poco. El mundo está lleno de países con producción propia. Aquí está la riqueza. Un mundo lleno de diversidad. Unos cincuenta países poseen una producción cinematográfica a tener en cuenta. El cine tiene más de cien años de historia y ha llegado a todos los confines. Sirve como herramienta de expresión de la misma manera en Islandia que en China o Guatemala. El mundo cinematográfico es diverso y plural. Ese es el producto que todavía hoy, de una forma incombustible, defienden las distribuidoras independientes en España y ese es el cine que Groucho quiso proponer. Primera razón para la programación de Groucho: la riqueza del cine que se estaba haciendo en el mundo.

Siempre pretendimos dar visibilidad a esas cinematografías y a esos cineastas. Los que no vienen de Hollywood, los que trabajan en sus países e intentan defender su tradición, exhibiendo en algún festival sus propuestas y que los distribuidores independientes compran para explotar en España. Pero en los veinte años que han trascurrido desde la apertura del Cine Groucho ese proceso no ha parado. Al contrario, el cine de autor está hoy mucho más arrinconado en el estreno que veinte años atrás.

Por otra parte, mi formación cinematográfica fue en Valladolid. Aparte de los cines de estreno que por entonces existían en el centro urbano (Mantería, Coca, Casablanca, Manhattan, Groucho, Calderón, Roxy, Vistarama, Lope de Vega, Carrión, Babón y Embajadores, entre otros) y que mostraban semanalmente esa riqueza y variedad de cine, unos días cada año, tenía lugar la SEMINCI, el Festival Internacional de Cine. Días en los que la ciudad era el foco del cine en España.

Y el festival tenía unas señas de identidad muy marcadas hacia el cine de autor en general y hacia quien empezaba en la industria en particular (óperas primas). La sección oficial a concurso estaba repleta de cine del mundo. Algunos se consagraron con el paso de los años (Kiarostami, Guédiguian, Egoyan o Loach) aunque no eran conocidos en sus primeros pasos por SEMINCI. La sección oficial y otras paralelas también destilaban calidad y diversidad. Por lo menos así lo recuerdo; años en los que Fernando Lara dirigió el festival y lo impulsó en esa dirección.

Esa es por tanto la segunda razón para tener clara la línea a seguir en el Cine Groucho: mi educación cinematográfica a través de lo que el Festival Internacional de Cine de Valladolid traía en aquellas ediciones de los años ochenta que viví intensamente y me marcaron en su estilo cinematográfico.

Me acuerdo de varias ediciones de la SEMINCI, cuando era estudiante universitario y asistía íntegra a la sección oficial en el precioso Teatro Calderón por las mañanas. Dos películas diarias, ocho días de festival, dieciséis títulos de muy buen nivel. Horarios de diez de la mañana y doce y media. También algún año sacaba el abono de las ocho de la tarde para el Teatro Calderón. Aquello era más social, la gente se vestía elegantemente y se veían solo algunas pelis a concurso durante la semana, junto con otras propuestas de otras secciones. Años de disfrute.

Antes de inaugurar el cine en diciembre, en esos viajes relámpago al tiempo que la obra avanzaba, contacté con varias distribuidoras de ese estilo para ver su disponibilidad respecto a mi iniciativa. La verdad es que todo fueron buenas palabras en cuanto les conté mi propuesta y, nunca tuvimos problemas para tener relaciones comerciales. Golem, Vértigo, Sherlock, Wanda, Karma y Alta eran las empresas más importantes en ese tipo de distribución y tuve acceso directo al producto que quería.

Con los catálogos de esas distribuidoras se fueron alternando algunas producciones más abiertas de Filmax o de Manga films, pero no fueron muchos más los distribuidores con los que llenamos el primer año de trayectoria. Hoy son más de veinte con los que tengo un contacto estrecho. Recuerdo esas primeras entrevistas donde los jefes de ventas del ramo, a pesar de encantarles mi interés por su cine, ya me anticipaban las dificultades que me iba a encontrar con mi propuesta en el futuro. Miguel Camañez, por entonces en Vértigo films, fue bastante agorero en una de aquellas visitas. Manolo Casas, vinculado a Sherlock films, me ofreció todo el apoyo. Así, todos. Frente a eso, el impulso inicial del cine fue extraordinario. Irrumpimos con mucha fuerza. Tuvimos casi treinta y ocho mil espectadores en 2005, cifra que no se ha vuelto a alcanzar en ninguno de los veinte años siguientes, en los que apenas hemos superado los treinta mil anualmente. Pero es que el primer mes ya fue sorprendente. Diciembre de 2004, el mes de la apertura, registró una asistencia de algo más de cinco mil espectadores. Cifra que tampoco hemos alcanzado desde entonces en ningún mes de todos esos años. Un mes estupendo, como lo fueron los previos al cierre por el COVID, teníamos tres mil cuatrocientos espectadores. Así que aquel inicio fue eufórico, nos permitió lanzar el cine y salir del atolladero de la deuda ya comentada de la obra. Había una gran expectación en la ciudad, nosotros intentamos satisfacerla y salió bien.

La propuesta de estreno fue novedosa. De una parte, por las instalaciones. Estar en el centro urbano y con un original callejón de entrada. Y por tener solo una oferta de dos salas pequeñas. También por la decoración del cine y la reforma realizada. Pero aún lo fue más por el tipo de cine ofrecido, cine europeo y de autor en general. Una propuesta muy definida que sorprendió en buena manera a la ciudad.

Hablar de autores y mantener una programación de cine de estreno con nombres europeos o del mundo y premios en festivales se convirtió en una prioridad. Unos primeros meses donde Patrice Leconte y sus *Confidencias muy íntimas* (2004), Bent Hamer con *Factótum* (2005), Alain Resnais con *Asuntos privados en lugares públicos* (2006), Takeshi Kitano con *Takeshis* (2009) o Jia Zhangke con *Naturaleza muerta* (2006) se fueron sucediendo en cartelera. Premios de Cannes como *4 meses, 3 semanas, 2 días* (2007) de Cristian Mungiu; de Berlín como *María llena eres de gracia* (2004) de Joshua Marston o San Sebastián como *La soledad* (2007) de Jaime Rosales, supusieron una continuidad en la oferta que se completaba con propuestas más artísticas como la animada *Persépolis* (2007) de Marjane Satrapi y Vincent Paronnaud o las autorales *Batalla en el cielo* (2005) de Carlos Reygadas o *Inland Empire* (2006) de David Lynch.

Colgamos pasados unos años en varios lugares del cine unos paneles decorativos con nombres de cineastas de quienes estrenamos alguna de sus películas. En ese primer año se estructuró el contenido que luego se ha desarrollado en los veinte transcurridos y que ha sido nuestra seña de identidad.

Solo en ese año se pasaron un Fatih Akih con *Contra la pared* (2004), un Gianni Amelio con *Las llaves de casa* (2004), un Haneke con *Caché* (2005), a Nuri Bilge Ceilan con *Los climas* (2006), a Deepha Mehta con *Agua* (2005), a Lars Von Trier con *El jefe de todo esto* (2006), a Carlos Sorín con *Bombón, el perro* (2004) o un Guédiguian con *Mi padre es ingeniero* (2004), entre otros.

El cine francés más importante del año con *Lady Chatterley* (2006) de Pascal Ferran, *La vida en rosa* (2007) de Olivier Dahan o *De latir, mi corazón se ha parado* (2005) de Jacques Audiard, por ejemplo. El cine británico presente con *The Queen* (2006) de Stephen Frears. Cineastas europeos importantes como Goran Paskaljevic con *Optimistas* (2006) o Susanne Bier con *Hermanos* (2004) los acompañaban. El chino con *La maldición de la flor dorada* (2006), de Zhang Yimou o el americano de corte más independiente con *La boda de Rachel* (2008) de Jonathan Demme o *Una historia de Brooklyn* (2005) de Noah Baumbach. Era una sucesión continua de películas y cineastas de calidad que fueron haciendo del Cine Groucho un espacio reconocible por su programación.

Una anécdota respecto a la programación: todo el material que ofrecíamos era en exclusiva y se marcó la política de no compartir copia de la película que exhibíamos con ninguna otra empresa exhibidora en la ciudad. Así, intentamos posicionarnos claramente en la exclusividad de la película. A veces, nos daba rabia no tener a cineastas importantes en nuestro cine porque se iban a mostrar en otros, e hicimos alguna prueba, saltándonos esa regla que nos autoimpusimos y que, desde entonces, se cumple en el Cine Groucho en el noventa y nueve por ciento de nuestro contenido. Aquella vez nos saltamos la misma para estrenar a Sofia Coppola y su *María Antonieta* (2006). Película que, aunque la distribuyese Sony, se nos permitió estrenar junto a otra copia en el extrarradio de Santander, dado su componente autoral. No nos equivocamos con ello y fue nuestro primer éxito de gran público, éxito que ya no repetiríamos con ningún cineasta si no iba a ser en exclusiva.

LOS PRIMEROS AÑOS Y LOS CICLOS QUE HICIMOS

Los primeros años de trayectoria fueron muy difíciles. Existía una gran necesidad de recursos. Había llegado a la inauguración con una deuda importante. Tenía que pagarla y eso sólo era posible con recaudaciones. El Cine Groucho arrancaba estando en el filo de la navaja. Además, con un juicio en el horizonte del que afloraría otra deuda —la parte del pago de la obra que abandonó el primer constructor—. Así que la situación de partida era preocupante.

Pero, frente a eso, tuvimos afluencia de público desde el primer día. La idea de negocio gustó en la ciudad. Las instalaciones y el cine de corte europeo e independiente que ofrecíamos tuvieron aceptación desde el comienzo. Eso me dio ánimos para pelear por sobrevivir a pesar del lastre económico.

Aparte de nuestra propuesta cinematográfica semanal, que me llevaba su tiempo ir centrando, como había una gran necesidad de ser visibles, organizaba, intercalándolos con la programación de estrenos semanales, unos tres ciclos de cine al año. Cada cuatrimestre se fue organizando un ciclo. Llevaba mucho trabajo añadido su preparación, pero era una forma de hacer ruido mediático, de estar presente en las programaciones culturales de la ciudad y de ir haciendo un nombre al cine.

Eran ciclos temáticos. Sobre la pintura, el cine español novel, el cómic o la gastronomía. Acerca del mundo laboral, también. Creo que se celebraron unos quince en esos primeros años. Una labor incesante de organización. Una vez terminaba uno, se pensaba en el siguiente. Y, además, el éxito de todas esas propuestas fue escaso, salvo el que se llamó 'El sabor del cine', que fue todo lo contrario, un éxito espectacular y que repasaremos más adelante.

Pero los otros ciclos que se fueron sucediendo solo llevaron mucha dedicación y pocas alegrías. Eran temas que no interesaban más que a pequeñas minorías. No sé, no se acertó. El que versaba sobre la novela gráfica y el cómic fue muy novedoso. Tuvimos bar en el exterior. También un librero especializado, la librería Nexus. Hubo visitas y coloquios con dibujantes, además de un programa de mano muy original que realizó Eduardo con imaginación. Se sortearon y regalaron unas láminas firmadas por sus conocidos autores que estuvieron a modo de exposición en el vestíbulo durante la semana. Pero fue un fracaso, apenas tuvo público. Supuso un parón para el cine, que tenía más gente en sus estrenos semanales que en ese esfuerzo de programación especial, cuando esos ciclos se organizaban para conseguir lo contrario.

Se exhibieron en la semana desde *Sin City* (2005) de Robert Rodríguez y *Ghost World* (2001) de Terry Zwigoff, pasando por *Camino a la perdición* (2002) de Sam Mendes o *Una historia de violencia* (2005) de David Cronenberg, hasta *American Splendor* (2003) de Shari Springer y Robert Pulcini, entre otros grandes títulos basados en novela gráfica.

De todas maneras, se echó el resto en cuanto a esas propuestas. En otro ciclo titulado 'La pintura y el cine', se organizó una exposición colectiva en el vestíbulo comisariada por una incombustible gestora santanderina, Marta Mantecón y con varios artistas jóvenes, que hicieron obra para ese evento. Un ciclo de cine con diez títulos que giraban sobre el mundo de la pintura. Actividades y presentaciones, mucha repercusión en los medios, pero poca afluencia de público en general. Un paso atrás para el cine ya que, cada vez que se intentaba, no salía bien. El público era renuente, no se entregaba a esas propuestas.

Sin embargo, en el segundo ciclo sobre la pintura conseguimos en una ocasión llenar la sala, cuestión muy difícil para nosotros. El mérito lo tuvo el conferenciante invitado, Indalecio Sobrino, pintor santanderino de renombre y muy aficionado al cine y a otras facetas culturales, que impartió una disertación sobre cine y pintura. Aún recuerdo el atronador aplauso que, como organizador del evento, me dio la sala en su presentación, por unas palabras que él dijo. El cine que se ofrecía en esas iniciativas era siempre de calidad, siguiendo la idea de los estrenos, aunque abriéndonos aquí a otras épocas. *Basquiat* (1996) de Julián Schnabel, *La bella mentirosa* (1991) de Jaques Rivette, *Caravaggio* (1986) de Derek Jarman, *Goya en Burdeos* (1999) de Carlos Saura o *Pollock* (2000) de Ed Harris fueron varias de las propuestas interesantes que pasaron por el ciclo. Tenían, además, un precio reducido las entradas para hacerlas accesibles. Pero ni aun así. Los peores en cuanto a respuesta del público fueron los que versaban sobre el cine español novel. Se elegían diez óperas primas o segundas películas de directores de nuestro país y se programaban a lo largo de una semana, con cuatro pases de cada título y alguna actividad añadida en medio del ciclo. Se organizaron tres sobre esa temática. Se preparaba una simpática postal de diseño gráfico especial con la programación que completaba la oferta para la difusión del evento.

Un cine español que, por aquella época y generalizando, tenía una pobre opinión pública, con calificativos que lo definían como ñoño y pobretón. Yo, por supuesto, nunca he compartido ese criterio. Todo lo contrario, nuestra cinematografía me era especialmente atractiva. Yo me había educado cinematográficamente con muchos directores noveles que fueron apareciendo en los años ochenta y noventa y que siempre me entusiasmaban. Colomo, Uribe, Bajo Ulloa, Pons, Coixet, Medem, Urbizu, Querejeta, Gay, Bollaín, Almodóvar y otros muchos, realizaron sus óperas primas cuando mi pasión por el cine se exacerbó y disfruté mucho con todas sus películas en aquellos años. Así fui muy fan siempre del cine español más joven.

Entonces, en Santander, en el año 2000 y siguientes, yo seguía observando lo mismo: una gran calidad en los debuts anuales de directores españoles y una menor visibilidad aún de sus propuestas en la cartelera de estreno que cuando era más joven. El proceso se había deteriorado y sus dificultades habían aumentado, tanto para rodar como para estrenar. Viendo eso, se intentó darles visibilidad todos los años con ese ciclo dedicado al cine español novel. Pero el resultado fue malo. Recuerdo que se programaron en la primera edición los debuts de Jaime Rosales *Las horas del día* (2003), Paco Plaza *El segundo nombre* (2002), María Ripoll *Tortilla soup* (2001), Santi Amodeo *Astronautas* (2003) y Laura Mañá *Palabras encadenadas* (2003), entre otros. En la segunda edición del ciclo estuvieron presentes Santiago Tabernero con *Vida y color* (2005), Daniel Sánchez Arévalo con *Azul oscuro casi negro* (2006), Carlos Iglesias con *Un franco, 14 pesetas* (2006), Roger Guall con *Remake* (2006) y la local Pilar Ruiz Gutiérrez como más representativos. Siempre se organizaba alguna actividad en paralelo a las proyecciones. Ese segundo año nos visitó Pilar, de quien pasábamos en el ciclo su debut *Los nombres de Alicia* (2005). Hicimos con ella un coloquio conducido por Gonzalo, un enamorado del cine que con la asociación El Trenti colaboró en aquella edición. Película rodada en Santander, intentamos aunar fuerzas con la presencia de la directora.

Y para la tercera edición, tuvimos también los debuts de Gabriel Velázquez *Sud express* (2006), Santiago A. Zannou *El truco del manco* (2008), Nacho García Velilla *Fuera de carta* (2008), Belén Macías *El patio de mi cárcel* (2008) y Mar Coll *Tres días con la familia* (2009) como más destacados. Así que el fracaso no era debido a la poca calidad de los debutantes sino a otros factores.

Frente a esos ciclos que yo me inventaba y que suponía estar siempre activo y con diferentes programaciones a lo largo del año en el cine, hubo uno que sí ayudó económicamente a las salas. Fue un ciclo de cine y trabajo. Se trató de una especie de concurso público organizado desde la Consejería de Trabajo y Bienestar Social del Gobierno de Cantabria y que nos adjudicó la institución. Creo que fueron unos fondos europeos los que lo financiaron. Se hicieron tres jornadas de cine, varios lunes y un par de actividades sociales y de encuentro, para dar visibilidad a la actividad. Hubo dos ágapes gastronómicos en nuestro callejón de entrada que tuvieron mucho público. Recuerdo también un coloquio presentado por la Vicepresidenta del Gobierno de Cantabria, Dolores Gorostiaga, con mucho interés por parte de los medios.

En el ciclo de cine se ofrecieron once títulos, entre ellos *Recursos humanos* (1999) de Laurent Cantet, *La camioneta* (1996) de Stephen Frears, el clásico *La huelga* (1925) del ruso Sergei W. Eisenstein o el documental *El efecto Iguazú* (2003) de Pere Joan Ventura. Y aunque el ciclo fue un poco disperso por los días no consecutivos en que se realizaba, obtuvimos para el Cine Groucho unos recursos que nos dieron unos meses de alivio económico, dado que estábamos al borde de la quiebra. Estado en el que el cine se encontraba casi constantemente desde la inauguración, producto de la deuda contraída, de la inclemente financiación y de la afluencia moderada de público, salvo en los meses iniciales del primer año.

Lo que sí recuerdo bien en esos primeros años fue el intenso trabajo a realizar. Programaciones, eventos, cuestiones técnicas en el local, reparaciones y mejoras, proveedores, trabajo de oficina, los medios y la comunicación, visitas constantes a los bancos, a la asesoría, temas de colaboraciones, asociacionismo, etc. Al final tenía que tomar yo todas las decisiones y comía en cualquier sitio por el centro y aprovechaba el cine para echarme una siestecita dentro. Eran los meses del invierno, la calle era fría y me recogía en una de las salas hasta que empezaban las sesiones de la tarde cuando a veces me despertaban los trabajadores a su llegada. Era adicto al cine hasta para dormir la siesta algunos días en él.

UN CINE SIN PALOMITAS, CON PROGRAMA DE MANO Y PUNTUAL

Como mi planteamiento para el espacio era de cercanía al ámbito cultural, había que trasladar esa idea al tipo de cine que se estrenara allí, y las distribuidoras que eligiese como proveedores habituales jugarían un papel importante. De igual manera, serían fundamentales las actividades paralelas que se pudieran organizar en otras áreas de la cultura.

Y, puesto que nos sentíamos parte de un todo, nos abriríamos a otras ofertas artísticas, culturales e incluso sociales. El mundo del arte, la gastronomía o la música estarían cerca de nosotros en el paso de los años. Además, habíamos conseguido un contenedor muy significado para ir en esa línea de trabajo, con un callejón de entrada atractivo y una obra arquitectónica muy en línea con ello.

¿Qué nos faltaba aún? ¿con qué completaríamos todo eso? Pues con una serie de detalles que nos acercarían aún más al sector cultural. Esos detalles iban a ser unas normas de conducta dentro del cine —organizativas, o de oferta—, que a veces nos ocasionarían algún que otro roce con el público, dada la tendencia contraria existente en esos años en la sociedad.

Ir a contracorriente no es sencillo: hay que educar en alguna medida al público, enseñarle el camino. Y en nuestro país está metida a machamartillo la idea de que, en los negocios, 'el público siempre tiene razón'. Pero en el Cine Groucho el que tenía razón era yo. Se acabó la discusión. Claro, es una forma un tanto brusca de actuar, pero a veces no nos quedaba más remedio que posicionarnos de esa manera dado que algún público, por el hecho de pagar la entrada actuaba de forma contraria a nuestra idea de negocio.

Desde el comienzo se impuso la norma de no dejar entrar a nadie en las salas una vez iniciada la película. Eso se llevaba a rajatabla: tarde no se entraba, porque se entendía que molestaba a los demás. Se iluminaba la puerta de entrada, se pasaba por delante de algunos espectadores, etc. Lógicamente, se dejaba entrar durante los spots previos a la película. Y disponíamos de un ligero retraso respecto al horario para que empezase. Si era a las 17:00 horas se podía entrar durante uno o dos minutos, a veces más, siempre variaba, para que el comienzo no fuera tan rígido. Pero después, imposible; ya no entraba nadie. La película había comenzado y el silencio era sagrado.

Esa norma nos ocasionó verdaderos enfados por parte de algún cliente a lo largo de los años. No con la mayoría, que lo entendían y además les parecía bien, sino con los que no podían entrar porque eran las 17:04 horas y era ya tarde. ¡Cómo se encendía el público en taquilla contrariados por ello! Algunos perdían los papeles de mala manera. Era una situación incómoda que con el paso de los años intentamos gestionar, aunque no siempre con éxito.

Una segunda norma, esa sí en líneas generales mejor valorada por el grueso de espectadores, era la prohibición de comer o beber en el interior del cine. La tendencia de esos años era la contraria. El cine se estaba convirtiendo en un lugar obsceno de comida y bebida. Chuches, refrescos, ruidos, estridencias. Imposible atender a la película. Ya quedaban pocas salas en España que no se hubiesen sumado a esa moda. El palomitón estaba presente en todas partes. Incluso el Cine Alameda, en Sevilla, y los Golem Alphaville, en Madrid, verdaderos iconos del cine en versión original entonces, permitían ese hábito.

Nosotros nos opusimos a esa moda de comer en el cine. A nuestro cine se iba a ver la película. Yo les decía a algunos contrariados que, para comer, fuesen a otros lugares; el barrio estaba lleno de bares, cafés y restaurantes; pero dentro, no. En general, ya digo, la norma se entendía. De hecho, llamaba la atención cuando alguien venía con un cubo de palomitas o bolsas con refrescos y chuches de alguna tienda cercana. El público habitual los miraba como si fuesen marcianos y hubiesen aterrizado en otro planeta. ¿Qué pintaban allí esos espectadores? Que se fueran a otro cine.

También teníamos especial mimo al elegir la música que precedía las proyecciones para que el público disfrutara con ello. A lo largo de los años se fueron sucediendo varios tipos en esa ambientación musical, desde la canción de autor en castellano hasta selecciones de jazz o folk, la música country u otras. Siempre cuidando desde la dirección ese aspecto complementario de las salas.

Otro de nuestros servicios fue ofrecer un programa de mano de la película que se veía. No de otra, sino de la que se iba a ver. Esa fue una práctica habitual en el pasado del sector cultural, en cineclubs, filmotecas y cines de estreno de nuestro tipo. Verdi, por ejemplo, y muchos otros lo ofrecían. Renoir incluso publicó una revista durante muchos años, igual que algunos festivales.

Groucho preparaba un programa de mano de la película con sinopsis, crítica, datos técnicos y artísticos, entrevista y foto del director/a, filmografía…. Un programa sencillo pero interesante para profundizar en la propuesta. Se hicieron programas desde la primera a la última de las películas durante los veinte años de actividad. Se sistematizó una edición y, aunque se mejoró algo con el tiempo, nunca cambió su planteamiento inicial. Yo creo que muchos espectadores valoraban esa documentación, algunos incluso los coleccionaban.

Lo que no entendían es que no estuviesen a su disposición sin medida. Las primeras semanas se dejaron coger programas hasta a quienes nos decían que iban a venir días después al cine. Lógicamente eso terminó pronto, tenía pinta de arruinarnos. Nos pedían y cogían programas de todas las películas en cartel y eso suponía un coste imposible para nosotros. Así que solo se dejaba coger a quien pagaba la entrada, y únicamente de la película para la que había sacado. El público, a pesar de decírselo en nuestros avisos en cartelera, se hacía el despistado y siempre cogía más. Era un tanto incómodo indicarles que sólo ofrecíamos un programa con cada entrada, y esa situación fue una constante fricción para el negocio. Cambiamos los programas de sitio varias veces para que no cogiesen más que el que les correspondía, pero era complicado. Casi siempre desistíamos, y muchos se iban con dos programas o más. Al final del mes, nos arruinaban las fotocopias de los mismos.

Otro de nuestros deseos para ser un cine serio era que finalizasen los títulos de crédito de las películas antes de que se saliese de la sala. Eso fue totalmente imposible ya desde la inauguración. Saltaban como resortes de la butaca nada más empezar éstos. Era automático, no se esperaba. Menos mal que teníamos una puerta de emergencia en las salas, distinta a la de entrada y se dejaba a los que querían ver los créditos hasta el final en relativa paz. Lo del aseo era la excusa perfecta para levantarse y molestar a los que no lo hacían, aunque nosotros estructurábamos otro recorrido para no molestar, igual que hacíamos con los paraguas cuando llovía. No había manera, el vestíbulo era invadido por clientes, la luz entraba a la sala, los ruidos llegaban incluso a la otra proyección. Eso siempre supuso un cierto trastorno y, por supuesto, nunca conseguimos que la gente esperase a que terminaran los títulos de crédito, que es cuando termina definitivamente la película.

Esas eran varias de las características que intentamos se respetaran en el Cine Groucho, y que nos situaban en una posición muy valorada por nuestro público en general; aunque criticada por los no habituales a quienes, claro, les chocaba tanta rigidez en nuestras normas. Pocas veces hubo un enfado serio; la mayor parte de las ocasiones eran contrariedades, se comentaba el tema y se intentaba conciliar las actitudes. Alguna vez fue imposible.

LAS ESCAPADAS A FRANCIA Y DUBLÍN

La idea que tenía para el Cine Groucho, pues, era opuesta al desarrollo del sector en España. En esos años no era habitual inaugurar un cine en ningún centro urbano. Todo lo contrario, lo normal era hacerlo en el extrarradio. Tampoco era habitual hacer una instalación con dos únicas pantallas, sino diez o doce. De igual manera, estaban desapareciendo a marchas forzadas todos los cines preexistentes ante un consumo nuevo. Cines con unos contenidos algo distintos, más enfocados al entretenimiento y a las compras alrededor de ellos que a un hecho cultural.

Eran unos años difíciles para el sector. La afluencia de espectadores a las salas españolas estaba bajando. Las perspectivas no auguraban un cambio de tendencia, con lo que nos íbamos a encontrar abiertos con una deserción de público en el cine. La asistencia obtuvo su 'suelo' en cuanto a número de espectadores en 2013 y estuvo bajando constantemente desde el año 2000. Desde ciento cuarenta y tres millones de entradas vendidas cada año hasta cerca de ochenta millones. Casi a la mitad cayó en ese tiempo la asistencia del público a las salas. Nuestro contexto era, por tanto, de regresión.

Pero es que lo nuevo iba también en otra línea. Extrarradio y multisalas. Producto comercialón, comida y chuches a gogó, compras en el súper y otras trasformaciones en la forma de consumo, asociadas a la propia desnaturalización del cine que se veía. Y ya no existía casi en quién mirarse. No había ideas o empresarios a quienes imitar, estaban cayendo uno tras otro. Los pujantes eran, como decimos, muy diferentes a lo que se pretendía en Groucho.

Es importante cuando haces un planteamiento de negocio ver otros del ramo, comparar, copiar algunas ideas, inspirarse, valorar otros contextos, otras propuestas. Ya me había desplazado por distintas ciudades y apenas sabía de salas de cine interesantes con nuestro mismo planteamiento. El problema es que casi no existían. Todo lo contrario, estaban cerrando. Llevábamos años con la desaparición del sector en los centros urbanos ¿En quién fijarse entonces? ¿Qué vemos para mejorar? ¿Cómo empatizar con otras propuestas?

Así fue como alguien me habló, y viajamos varias veces a Francia. Elena y yo, que teníamos una relación estable en esos años, hicimos alguna excursión de fin de semana o algún puente. Y nos sorprendimos no solo con varias ciudades francesas de interés sino con algunas infraestructuras que allí existían y que poseían un carácter extraordinario en su propuesta cinematográfica.

Burdeos fue un viaje de descubrimiento. El primero que hicimos. La ciudad en torno al río Garona es elegante. Historia de Francia, y muy solemne. Tres noches y cuatro días allí, en alguno de las decenas de pequeños hoteles de su centro urbano. Pasábamos el día callejeando. Ya se atisbaba un mayor aprecio del francés por los negocios de hostelería y restauración. Cafés y restaurantes con criterios de autor, en locales pequeños. Sus famosos bistrós y sus terrazas. El comercio también era muy variado y rico. Se notaba un salto de poder adquisitivo en general respecto a Santander.

Y el cine que fuimos a ver, espectacular. Estaba en la plaza de Camille Jullian, en el centro de la ciudad. Se llamaba Utopía y era un cine de cuatro salas que pertenecía a una pequeña cadena con establecimientos en varias ciudades francesas. Fue un pequeño shock. Un cine en la antigua Iglesia de San Simeón, recuperada para esa actividad. Respiraba clase. Todo de carácter artístico, muy cuidado, con frescos decorando las paredes, enormes espejos y artesonados, el espacio era una maravilla. Unas setecientas butacas entre todas las salas. Entregaban un fanzine con la programación del mes que era muy simpático también. Y se podía comer algo, pero en un café-restaurante con personalidad, huyendo de lo globalizado de los centros comerciales que se inauguraban en España todos los meses. Un espacio con glamour, con oferta gastronómica local y atendido por un personal informal.

No hablábamos francés, pero entre nuestro discretísimo inglés, o que casi siempre había camareros o personal que hablaba español, al final nos entendíamos y disfrutábamos de las cosas. Ver alguna película no era tanto nuestro objetivo como conocer las instalaciones. Aunque su programación era casi entera en versión original, siempre pasaban alguna película española o iberoamericana. Creo que entramos alguna vez durante esos días a las salas. Almodóvar acababa de estrenar *Volver* (2006) y la tenían anunciada. Un placer.

Tenían una programación muy diferente a la de España, pues los títulos se alternaban en la cartelera según pases. Esa tendencia, que tardó en instalarse en nuestro país, era habitual allí, donde encontrabas no una película por sala sino varias, según sesiones, con mezcla de clásicos, alguna retrospectiva y estrenos del momento; éstos no en todos los pases como casi se nos obligaba en España, sino alternándose con las otras propuestas. Era un concepto diferente de cine, por la iglesia, por el fanzine, por su ubicación en centro urbano, por su mezcla de estrenos y clásicos en cartelera, por el ambiente. Todo con mucho estilo y un público súper educado. Realmente nos encantó.

Tras aquel viaje placentero, decidimos hacer una segunda salida a Francia. Esa vez a Toulouse, donde la cadena tenía otros dos establecimientos. Un poquito más alejada de Santander y con un clima mediterráneo frente a la humedad de Burdeos; estuvimos cuatro días en esa ciudad que acogía industrias de alta tecnología en sus planes de futuro.

Hotelito en el centro urbano. Otro casco histórico magnífico, extenso y cuidado. Toulouse era una ciudad muy bulliciosa, turística, con animación universitaria. Y con muchos descendientes de españoles que quedaron allí después de salir exiliados tras la guerra civil. Una joya como tantas en Francia, bien conservada, peatonal en buena parte y con un pequeño cine de la cadena Utopía, el American Cosmograph, también en su centro urbano, en la estrecha Rue Montardy. Dos salas en un espacio antiguo y algo escondido. Una salita pequeña de unas ochenta butacas en un semisótano y otra algo mayor de unas ciento cuarenta con una ligera pendiente en un primer piso. Colores muy cálidos, paredes recubiertas de madera, una entrada repleta de fanzines que la gente cogía, para tener la programación. En nuestra visita matinal no paraba de entrar y salir gente del local. En ese caso no tenían propuesta hostelera. La ciudad estaba repleta alrededor de cafés y terrazas, el cine era una parada más en ese entramado de oferta urbana de comercio y ocio.

No fue una casualidad, alguien me habló de ello. Estaba trabajando allí Susana, la hija de la propietaria del desaparecido Cine Groucho de Valladolid y aprovechamos para saludar. Estaba atareada en taquilla. Era por la mañana y había bastante actividad. Apenas nos conocíamos, pero estuvo un rato con nosotros. Nos enseñó la instalación, nos habló de la empresa, nos recomendó un mercado para comer en él, incluso nos acompañó hasta allí; esa idea también llegó a España algo más tarde. Menú en el Mercado Central. Productos frescos del mercado y precio moderado. Y por la tarde, algún título vimos en el cine: *La mujer sin cabeza* (2008) de Lucrecia Martel, creo que fue. Un cine que me era cercano por todo y que representaba otro espejo donde mirarse. Todo tradición y frescura a la vez. Otro shock. El segundo, y Elena con los ojos como platos. Otro concepto de exhibición existía y era el que Cine Groucho perseguía.

A Toulouse fuimos en nuestro coche. Y así nos desplazamos a la cercana población de Tournefeuille, apenas a once kilómetros del centro de Toulouse, donde visitaríamos otro cine de la cadena Utopía. Otra maravilla de instalaciones.

Ocupaba éste una nave industrial rehabilitada en un lugar cercano a la iglesia de la población, con espacios verdes y aparcamientos alrededor. Cuatro salas y un restaurante. Magnífico.

Se había realizado obra nueva en ese espacio industrial abandonado. Salas de nueva construcción y sin tener que acoplarse a lo anterior. Estaba en el polo opuesto de un centro comercial, todo clase y ambiente cinematográfico escogido. La programación era similar a los otros dos cines ya visitados. Variadas propuestas en cartel, estrenos y clásicos alternándose, precios moderados según los días, versiones originales. Vimos una magnífica película que había ganado el Festival de Málaga, dirigida por el ecuatoriano Sebastián Cordero. Se titulaba *Rabia* (2009), y tenía a Concha Velasco en el elenco. Al entrar en el cine, yo me adelantaba para observar las otras salas. Siempre me llamaban la atención. Se notaba que era español y que quería colarme, me podía la ansiedad. Una experiencia maravillosa la de Tournefeuille, la tercera instalación visitada de la misma cadena en Francia.

Todavía hicimos una escapada más, aunque para ésta transcurrieron algunos años. Las dos primeras serían en torno a 2006 o 2007. Nuestros clientes en Santander me hablaban a veces de que conocían salas en otros lugares. Muchos me daban recomendaciones. Me acuerdo que insistieron en un cine en San Juan de Luz que al final nunca visitamos. Pero lo que habíamos visto era inigualable. Era para mí otra dimensión.

No he comentado que Toulouse estaba llena de más propuestas cinematográficas. Aprovechamos para acercarnos y ver la Cinemateca de la ciudad también, con su enorme patio de entrada y en donde celebraban un Festival de Cine Español todos los años. Y recuerdo visitar las obras de un complejo en construcción de unas diez salas que estaba muy cerca del Utopía, también en el centro, en la Plaza del Almirante Wilson. Qué envidia esa propuesta urbana de salas comerciales, frente a España, donde no paraban de inaugurarse complejos de cartón piedra en los alrededores de todas las ciudades. Hasta para el cine comercial de estreno Francia era muy diferente.

El otro viaje sería años después y más turístico que profesional. Compaginamos algo de playa con el casco histórico de

Nantes, antigua capital de Bretaña, donde estuvimos un par de veces en aquel verano. Allí se volvieron a repetir casi todas las características ya vistas en Toulouse y en Burdeos. Todas estas ciudades son de un tamaño muy parecido, capitales de departamentos como en España las provincias. Algo más grandes, pero no mucho más que Santander, así que eran buenos ejemplos de oferta de cine en ciudades similares.

Nantes también estaba metida de lleno en sus cambios urbanísticos. Ciudad muy esparcida con el Loira a punto de desembocar en el Atlántico. La ciudad de Jacques Tati, y donde nos sorprendieron los Cines Katorza, un complejo de siete pantallas en su centro urbano, con salas de discretas dimensiones, unas ochocientas butacas entre todas ellas. Todo versiones originales, nuevamente. Un cine rodeado de calles peatonales, cafés y restaurantes, en torno al Teatro Graslin. Era además época de rebajas y había un importante tránsito comercial a diario.

El cine me encantó: todo en lo que yo pensaba para poder crecer algún día, allí estaba. Programación de autor y pertenencia a Europa Cinemas igual que nosotros. Rodeado de vida social en el centro urbano. Y con estilo, colorista y atractivo. Igualmente, se celebraba durante el año un Festival de Cine Español en Nantes y los Katorza siempre eran una de las sedes. Un operador era mexicano y nos entendimos bien con él. Nos habló del cine y nos enseñó la instalación. También fuimos al día siguiente y sacamos una entrada, aunque esa vez yo sí había visto la película en España; *Magical Girl* (2014) de Carlos Vermut, con premio en Donosti el año anterior y un poco turbia como cine. Elena por supuesto, con enfado. Yo, obnubilado por los Katorza.

Todas esas experiencias de visitas a cines en Francia fueron no solo un alivio para el día a día de un taquillero, que era en lo que yo me habla convertido en esos años, sino un subidón de adrenalina porque había personas arriesgadas detrás de esas propuestas, en una línea opuesta a la que al tiempo estaba desarrollándose en España: exhibidores a quienes les daba igual una lavadora que una película; estudios y televisiones que apoyaban cine de usar y tirar y hasta las administraciones acusaban falta de personalidad, con muchas de sus iniciativas culturales en la deriva del mercado. En esas ciudades francesas vimos varios ejemplos de lo contrario y, por eso, estaba feliz de constatar que otros se movían en la misma dirección que yo buscaba para Groucho.

Sumados a esos viajes, por aquella época hicimos otro interesante, esta vez en avión desde Santander. De los pocos destinos a los que había vuelo directo desde Parayas. A Dublín, donde estuvimos un fin de semana largo —cuatro noches—. Fue a comienzo de verano, por junio, y aunque Dublín era una ciudad más grande que las capitales francesas, visitamos el lrish Film lnstitute, ubicado en sus céntricas calles. Aquello era también otro soplo de aire fresco. Dos salas con proyecciones regulares de repertorio, una extensa programación cultural paralela con presentaciones y mesas redondas, un café con terraza en el patio del edificio, una tienda con material cinematográfico, espacios de oficinas, todo integrado con las pequeñas salas en un ambiente muy cool, bicicletas y jóvenes. Calidad y elegancia en una propuesta cinematográfica actual, en la que el respeto al cine estaba muy lejos del consumismo imperante en los estrenos comerciales. Estuvimos viendo esa vez una película griega subtitulada en inglés y, aunque, no la entendimos bien, disfrutamos de todo el entorno que la instalación conllevaba.

Estos viajes y otros más que hicimos por España en esos años visitando salas y algunos festivales de forma puntual como Gijón o Sitges, Málaga o San Sebastián, terminaban por subirme algo la moral de mi día a día, cuando defender un cine de autor era ser el rarito de turno. Esos otros espacios e iniciativas me confortaban ya que demostraban que estaba conectado a cierto sector de la exhibición.

LA COMPETENCIA EN LOS CINES DE SANTANDER

Casi sin tiempo para cerciorarme de una realidad que iba a ser dura en cuanto a recursos, pues estaba endeudado hasta arriba, y también de incertidumbre respecto a la respuesta del público de la ciudad, en los primerísimos días de funcionamiento nos ocurrieron un par de contrariedades a resaltar.

En los meses previos a la apertura del Cine Groucho existían como dijimos tres complejos de cine en el extrarradio de Santander: Cinesa, UCC y C. Coliseo. Treinta y dos pantallas que ofrecían entre los tres los estrenos en la ciudad. Todos estaban especializados en un cine muy comercial. Apenas incorporaban algún título de autor en aquella época; ese tipo de cine no solía estrenarse, y alguna semana después la Filmoteca de Cantabria en su sede de Bonifaz les dedicaba un espacio a esos estrenos menos comerciales.

Groucho nacía con la vocación de ofrecer con regularidad esa programación que no llegaba de estreno al centro de la ciudad. Distribuidoras como Golem, Vértigo o Wanda tenían mucha dificultad para estrenar y ese era el cine que yo quería ofrecer. Todos de acuerdo, menos el programador de la sala pública, que no quería dejar de programar ese tipo de cine y dejarme el sitio necesario para desarrollar mi nueva oferta tranquilamente. Me costó muchísimo trabajo que Bonifaz dejara de competir por títulos e interponerse en el desarrollo de Groucho. Fue ese un capítulo negro en el transcurrir de nuestra propuesta en la ciudad.

Por tanto, casi siempre tuve que mantener mi oferta de cine con una fuerte competencia pública de esa institución, dado que su responsable era insensible a lo que se le transmitía desde una iniciativa privada naciente. Todo fue de hecho un poco peor, dado el comportamiento faltón de ese personaje que trababa de embriscarme a la gente con sus declaraciones en los medios.

Anteriormente me habían hablado de Enrique Bolado, que realizaba labores de programación y dirección en la Filmoteca —en un cargo que ocupaba de manera alegal, ya que su condición de funcionario estaba en otra consejería—. Todos comentaban su carácter implado y soberbio. Incluso mi socio por entonces estaba bastante atemorizado por esa persona, con quien, dado su trabajo como programador, había tenido roces y dificultades en anteriores ocasiones.

Por eso, cuando el mismo día de la inauguración apareció en El Diario Montañés un artículo a doble página firmado por él lleno de insultos, inexactitudes o medias verdades y feos comentarios hacia mi persona me quedé un poco perplejo, la verdad. ¿Cómo se puede arremeter de una manera tan cruel contra alguien que no conoces y que viene a aportar su propuesta a la ciudad? ¿Cómo es posible atacar así a una iniciativa privada desde lo público? La verdad es que aquello creó un malestar entre aficionados, ciudadanos y clientes de forma inexplicable. Nos recibió pues ese individuo con los brazos abiertos; y los políticos le reían ese comportamiento.

Por supuesto que desde entonces lo único que Groucho quiso era que terminase su trabajo en Bonifaz, que se hiciese transparente la gestión en la institución y el nombramiento por concurso público de la plaza que ocupaba esa persona. También que la filmoteca entrase en otra dinámica de contenidos, más propia de su carácter que la que se estaba ofreciendo hasta entonces. Eso tardó bastantes años en ocurrir, y todavía hoy no es ni de lejos una filmoteca ejemplar en ese aspecto.

La otra contrariedad de esos primeros días fue la visita inesperada de un inspector del ICAA/Ministerio de Cultura, al que le faltó tiempo para ponernos de forma desaprensiva e inflexible nuestra primera sanción.

Nosotros acabábamos de inaugurar el Cine Groucho un viernes a primeros de diciembre. Había muchos aspectos sin rematar. Con la premura de la inauguración, faltaban unas carteleras. Los procedimientos de trabajo apenas estaban consolidados. Además, fueron días de mucha afluencia de público. El puente de la Constitución suele serlo. No nos habían llegado aún las entradas homologadas; estuvimos vendiendo unas diseñadas por nosotros que se sustituirían cuando llegasen las oficiales de la imprenta. Total, serían unos días.

Nos faltaban muchas más cosas por ultimar. Se entraba y se salía del cine continuamente solucionando inconvenientes: cambios de moneda, útiles de limpieza, material de oficina, la maquinaria de proyección. En fin, un poco de lío esos primeros días en una actividad en la que se estaba por primera vez. El más experto era el operador, que venía de trabajar en otro cine, pero que en él se pasaba el tiempo en cabina y no conocía otras áreas del negocio. Los demás éramos novatos. Ana experta en música, y Eduardo venía de la edición de textos y del diseño gráfico. Yo estaba muy verde en ciertos aspectos legales y muchos otros del negocio.

Le faltó tiempo al inspector para saludar, observar la entrada y el vestíbulo, pedirme una silla y mesa donde escribir, solicitarme documentación variada del local, licencias de las películas y tráileres exhibidos. En vez de ayudarnos con las decenas de dudas que se tenían sobre el funcionamiento de un cine que no conocíamos muy bien, se fue habiendo realizado su acta, que días después nos supuso una sanción de mil cuatrocientos euros por dos irregularidades —esas entradas y unas calificaciones de edad que no se mostraban con precisión—. Cuando salió por la puerta, tras firmar yo su acta ilegible y restar él importancia a su visita, no pensamos nada raro. Días después, nos quedamos perplejos con el resultado. Otro que nos esperaba con los brazos abiertos. Aunque se recurrió y recurrió dicha sanción, dos años más tarde, se tuvo que liquidar sin remisión. Y ese inspector no volvió más por el Cine Groucho. Otros compañeros nos visitaron en su lugar en años siguientes, quitándole hierro al asunto.

A esos dos baños de realidad de los primeros días se vino a sumar una propuesta más de cine en la ciudad a los pocos meses de inaugurar nosotros, que nos iba a complicar aún más las cosas. No porque no tuviese derecho a estar, cualquiera lo tenía, sino porque fue una situación perversa derivada de los enfrentamientos políticos y que nos perjudicó abiertamente. Fue la reapertura, como sala municipal, del Cine Los Ángeles en el mes de abril de 2005. No se apoyaba al empresario que arriesga al abrir un cine en el centro y sí al que lo cerró meses atrás. El mundo al revés en Santander.

En la ciudad estaba gobernando el Partido Popular en solitario, frente al gobierno de la región, del Partido Regionalista de Cantabria (coaligado con socialistas). Como Bonifaz era una oferta de los regionalistas a la ciudadanía, los populares no iban a ser menos y quisieron tener la suya propia, al haber sido desalojados del gobierno autonómico el año anterior. Así que desde el ayuntamiento de la capital se impulsó el alquiler y gestión de la cerrada sala de Cine Los Ángeles como sala municipal. Destinaron un dineral para su funcionamiento. Un millón cuatrocientos mil euros de apoyo municipal para la sala en cinco años, lo que duró el compromiso. Y se empezó a bombardear sin ton ni son a la ciudadanía con cine. Ruido y más ruido. Un gasto innecesario y una oferta desproporcionada. Los espectadores claro, a precio módico y en el centro, fueron respondiendo con lentitud, pero con simpatía.

Así, en los cinco años siguientes, el Cine Los Ángeles se fue consolidando como oferta en el centro de la ciudad. También había alguna otra actividad municipal en la sala, pero su contenido era básicamente cine, una propuesta mamarracha en general pero que fue poco a poco quitándole público a la otra oferta institucional ya existente, la de Bonifaz. Si esta tenía cincuenta mil espectadores al año por entonces, perdió unos quince mil en esos años, que fue lo que ganó el municipal Cine Los Ángeles. Algo más de público tenía la sala, claro, a Groucho también le tocó perder. Imposible competir con esas dos ofertas a nuestro alrededor, con versiones originales y ofreciendo películas sin parar a bajo precio la entrada. Unas doscientas cuarenta al año ofrecía Bonifaz y otras ciento setenta el Cine Los Ángeles que, con una única sala, tampoco se quedaba corto. Groucho, con sus dos pantallas, estaba ofreciendo cincuenta títulos al año.

Fuego cruzado entre ambos gobiernos, a ver quién daba más cine y más económico y Groucho con las migajas en medio de esa batalla radícula entre instituciones gastándose el dinero público a espuertas. Por eso podemos valorar como milagrosa la subsistencia de un cine como Groucho, sin apoyos públicos por entonces. ¿Por qué apoyar a otro cine de la ciudad o a otro empresario si ya se gastaban todo el presupuesto en ellos mismos y sus amigos?

En esas circunstancias, mi relación con el Concejal de Cultura del Ayuntamiento de Santander, César Torrellas fue bastante pobre. No se nos apoyó prácticamente nunca y cuando hablaba con él tenía la extraña sensación de ser yo un extraterrestre y él humano al querer proponer una infraestructura en el centro en vez del fácil acceso al aparcamiento en el extrarradio que él apreciaba como cliente. Acabé desistiendo de esa inútil relación que en vez de valorar lo que se ofrecía, ponía constantes pegas a Groucho. Una gran decepción en cuanto a la gestión municipal de la cultura para mí.

UNA SENTENCIA PENDIENTE

Arrancábamos entonces con las dificultades de unos clientes en huida al extrarradio, pues allí teníamos treinta y dos pantallas de estreno en la ciudad, previas a nuestra irrupción. Groucho iba a competir con únicamente dos y un discreto aforo, frente a tres empresas muy potentes: Cinesa estaba creciendo esos años hasta llegar a ser el primer exhibidor español; UCC tenía unos doce complejos en otras tantas ciudades y aproximadamente, cien pantallas, y el Circuito Coliseo, con sus ocho pantallas en Valle Real, aunque se encontraba en regresión tras la llegada de esos otros dos exhibidores al extrarradio después de haber estado solo por más de diez años, todavía era un circuito importante, con sede para las compras en Bilbao, y gestionaba unas cincuenta pantallas en varias ciudades. Así que, a la hora de competir con cualquiera de ellos, si estuviésemos interesados en la misma película, teníamos las de perder.

Pero Groucho no iba a pelear por el cine comercial, con lo que no solíamos chocar para obtener ese producto. Salvo excepciones, lo que Groucho quería exhibir no tenía interés para ellos, y podríamos ir disponiendo de esos títulos en nuestra programación sin problemas.

Aquí era donde la actitud del programador de Bonifaz era más dañina porque él sí pretendía seguir exhibiendo algunas películas independientes que no se estrenaban comercialmente en la ciudad. No había semana en que no hubiera conflicto con esa institución. No se entendía que desde lo público se interfiriese tanto en el mercado y no se realizara una labor más propia de una filmoteca, separándose del estreno y profundizando en otros contenidos como se le reclamaba continuamente.

La otra sala pública, el Cine Los Ángeles, interfería menos con nosotros y la convivencia era más tranquila. Pero Bonifaz solo nos generó problemas: con los proveedores —las distribuidoras también querían sacar rendimiento a sus películas—, con los espectadores, que tenían opiniones tergiversadas por la polémica; y, claro, con los políticos, por las quejas constantes del Cine Groucho en los medios por esa situación de competencia desleal, de llamarse filmoteca y no ejercer como tal, sino como una sala de cine de estreno, y por no estar, en fin, en el lugar que le correspondía a la institución: el sector cultural. Una perversa anomalía que costó bastantes años solucionar.

A esa dificultad para nuestra programación semanal se unían las deudas contraídas y la perspectiva de una sentencia que, tras la celebración del juicio, tendría que llegar más pronto que tarde. En ese conflicto y por orden del juzgado se llevaron como medida cautelar hasta mi coche, un humilde Seat Ibiza con escasísimo valor, e hicieron asimismo un inventario de bienes del cine. Se vivía rodeado de dificultades económicas y, aunque el primer año fue bastante bueno —estuvimos en esos treinta y ocho mil espectadores— con el furor de los primeros meses ya lejanos se pasó a una situación estable, pero sin tanta afluencia.

Ese buen primer año fue un alivio para la deuda. Al tener una carencia de un año con uno de los préstamos, se pudieron pagar todos los pagarés firmados al proveedor de los equipos. También a los profesionales a quienes se adeudaba dinero. Arquitecto y oficios como los de metalista, electricista y otros que había pendientes. Yo estaba todo el día trabajando en el cine y vivía con cuatro euros, esperando que el futuro fuese mejor. Por el momento, todos los recursos se destinaban a pagar atrasos.

La sentencia tras el juicio, que se celebró en 2006, llegó como se esperaba y supuso otro paso atrás para la empresa, pues hubo que hacer frente a un pago a ese contratista que hizo la obra al principio, y sin demora, so pena de perder el negocio. No recuerdo con exactitud la cantidad que sentenció el juez, supongo que era lo esperado tras tanto tiempo —peritaciones, declaraciones en el juicio, demoras y demás—. Cercano a los treinta y seis mil euros de condena que habría que ir de nuevo a buscar.

Esa vez fue mi familia, mi padre en concreto, quien me prestó el dinero para ese pago. Yo no disponía de ningún recurso. La empresa tenía ya varios préstamos bancarios, uno más era imposible. Algunos amigos ya me avalaron uno de ellos. A mi novia la acababa de conocer y no era posible que me ayudase. Así que apechugué con un préstamo familiar que costó tres o cuatro años devolver pues el rendimiento de esos años era discreto, a pesar de estar todo el día con propuestas de actividad en el cine.

Parecía que no saldría nunca del atolladero económico, pues pasados dos años desde la apertura se debía aún más dinero que al comienzo de la explotación. Y todo por una mala gestión del proyecto de obra, error de todos un poco. Del arquitecto, de mi socio por entonces, de mí mismo como máximo responsable y de los abogados y el carácter del constructor, empeñado en su posición.

Lo que me daba mucho ánimo en general era el cariño de los clientes en el cine, con sus preguntas en taquilla sobre las películas y muchas veces su satisfacción con lo visto. Un trato cercano con muchos de ellos que compensaba en buena medida toda esa desazón económica en la que estaba metido con un negocio de cine de autor que funcionaba bien, que el público agradecía, pero que venía tan lastrado y dejaba tan poco beneficio económico, que llevaría años remontar.

Incluso había momentos de subidón de vez en cuando. En muchas ciudades españolas eran inexistentes las iniciativas como Groucho y en alguna ocasión pensé en la expansión del negocio. Abrir otro Cine Groucho en alguna ciudad más: Oviedo, Tarragona, Alcalá de Henares. Creía que tendría sitio en muchas. Pero el éxito de esas aperturas estaría en que otro idiota como José Pinar estuviese al frente, lo cual iba a ser difícil de encontrar. Así que pronto se acabaría el sueño de franquiciarlo. Adiós a la expansión.

Fue como resultado de esa sentencia y ese último pago pendiente que recuperé no solo mi Ibiza confiscado sino también el cien por cien del accionariado de mi sociedad limitada, al negociar con el socio un precio por su parte con un paquete común que se hizo con la sentencia del constructor y del juicio. Volví a ser de nuevo el único propietario del Cine Groucho, como no debí dejar de serlo nunca, pues mía fue la idea y el proyecto.

Un cierto respiro me dio también por entonces la desaparición definitiva de las ocho salas que el Circuito Coliseo tenía en el Centro Comercial Valle Real. En 2007, debido a la dura competencia que supuso para esa empresa la llegada de Cinesa y UCC a los otros centros comerciales del extrarradio, y después de unos años muy flojos en asistencia, decidió desmontar sus salas. Aquello redujo el número de pantallas de estreno en la ciudad a veintiséis y permitió a su vez que tuviéramos mejor posicionamiento con alguna que otra cinta. Menos competencia para estrenar en la ciudad y algunos espectadores que captábamos: no fue una mala noticia ese cierre.

PELIS Y DIRECTORES: LA BASE DE GROUCHO

Hemos querido en Groucho ofrecer al público una serie de directores con un estilo cinematográfico propio y alejados del cine de consumo hollywoodiense. A ellos los hemos complementado con películas que llegaban premiadas de múltiples festivales. De los más importantes —Cannes, Berlín, Venecia o San Sebastián— pero también de otros de menor eco —Locarno, Gijón, Toronto o Málaga—. En estas líneas repasamos algunos ejemplos de ambas propuestas.

Si hay un director que marcó el estilo que el Cine Groucho quería ofrecer desde su apertura fue el alemán de origen turco Fatih Akin, de quien ofrecimos nada más inaugurar *Contra la pared* (2004), película que venía premiada en el Festival de Berlín con el Oso de oro al film y al director. Refleja un mundo violento y degradado de forma descarnada. Aunque es una historia de amor, está llena de condicionantes ajenos: inmigración, machismo, alcoholismo. Una música rotunda va jalonando la tempestuosa narración. El director ha estado siempre cerca de Groucho. Hemos ofrecido en esos años *Al otro lado* (2007), *Soul Kitchen* (2009), *Good Bye, Berlín* (2016), *En la sombra* (2017) y *Rheingold (oro puro)* (2022). Un cine siempre impactante el de este gran director.

Al iniciar Groucho su andadura en 2004, había muchos directores consagrados que nos hubiera gustado ofrecer. El más importante de todos ellos era Wong Kar Way, el director de Hong Kong y su particular propuesta. Historias siempre rotas, de querer a quien no te quiere, con un estilo visual y un colorido subyugante y cálido. Salpicando las historias constantemente una música exquisita y contrastada con las imágenes. En todos estos años solo estrenamos de él *My Blueberry Nights* (2007), con la que recala en Hollywood y filma con varias estrellas (Jude Law, Nora Jones y Raquel Weisz). Única historia de amor que acaba bien —y quizá la más acaramelada— de sus películas; cine de autor puro y duro. Y en la celebración de su XX aniversario ofrecimos su obra maestra *Deseando amar* (2000), que volvió a las carteleras remasterizada; por ello hicimos una excepción a la exclusión de programar clásicos, aunque fuesen modernos, en el estreno semanal.

Otro cineasta que iba a marcar nuestro estilo de cine desde el comienzo fue el argentino Pablo Trapero. Ya con títulos importantes en el mercado, pudimos pasar al poco de nuestra apertura *Familia rodante* (2004). Después *Leonera* (2008), *Carancho* (2010) y *La quietud* (2018). La primera es una excelente road movie de una familia recorriendo Argentina para asistir a una boda. Mil quinientos kilómetros de Buenos Aires a Misiones en una caravana, llena de momentos especiales que ninguno de los protagonistas podrá olvidar. Cine actual, dinámico y a la vez profundo que ha formado parte de nuestra exhibición.

Y entre tantos realizadores especiales, toda una pléyade que mostraba sus obras en festivales internacionales todos los años y que venían de Irán; país que, por su censura, aguzaba el ingenio de muchos cineastas. Entre todos, uno de los más importantes, consagrado ya desde los años noventa pero que seguía haciendo cosas, era Abbas Kiarostami, de quien ofrecimos *Copia certificada* (2010) con Juliette Binoche como protagonista en una historia de amor en un pueblo del sur de la Toscana. Ganó el premio de interpretación femenina en Cannes ese año. Comparte peli con William Shimell. Simulacro, representación o espejos son conceptos presentes en la película del gran director iraní que falleció en 2016 y que pudimos ofrecer en Groucho. Tuvo además ese film buena asistencia de público pese a pasarse únicamente en versión original.

Todo ese cine autoral de estreno venía acompañado por otro material artístico importante: aunque el cine animado era una excepción en nuestra cartelera, todos los años se ofrecían un par de títulos de interés. Voy a destacar aquí *Vals con Bashir* (2008), la película del director israelí Ari Folman. Cine de base documental sobre la matanza de refugiados palestinos en Sabra y Chatila. El protagonista va recordando episodios olvidados de su pasado. Las imágenes tienen un poder visual hipnotizador. Una película cruda y necesaria. Poco público pero una maravilla de cine.

En esos primeros años de Groucho el abanico de posibilidades de estreno era algo mayor que posteriormente, y teníamos ocasión de exhibir alguna película documental cada temporada. Otro de los cineastas importantes que llevaba años en lo más alto del cine de autor era el alemán Wim Wenders, de quien pudimos ofrecer *The soul of a man* (2003), documental musical sobre las vidas de sus artistas preferidos: Skip James, Blind Willie Johnson y J.B. Lenoir. Para Wenders era una nueva incursión en un género que conocía bien, siempre ha estado su carrera cerca de la música. Una cinta excelsa en el intento de captar la esencia de la música blues desde sus raíces africanas hasta la actualidad. Un lujo.

Ya al final de estos veinte años estrenamos también *Perfect Days* (2023), una nueva obra maestra rodada en Japón con el gran actor Koji Yakusho como el operario protagonista. Cine intimista que recuperaba su estilo más personal.

Como ya hemos apuntado el cine español es siempre uno de mis preferidos y todas las temporadas ofertábamos varios títulos de calidad. Vamos a destacar aquí a un cineasta que había debutado años antes: el almeriense Manuel Martín Cuenca, de quien ofrecimos primero su segundo film *Malas temporadas* (2005) y más adelante *La mitad de óscar* (2010). Película ésta rodada en su provincia natal, en el Cabo de Gata, con un ritmo pausado que llena de intriga toda la trama personal de encuentro de dos hermanos ante el fallecimiento del abuelo. Con Verónica Echegui y Rodrigo Sáenz de Heredia. Un cine sobrio que nos encantó ofrecer, de un director español que no dejaba de crecer. Incluso hacia el final de estos veinte años se pasó *La hija* (2021), otra brillante muestra de su estilo.

También del cine español tuvimos la oportunidad de exhibir dos títulos del barcelonés Cesc Gay, un director que desde su debut años antes nos interesaba especialmente. Ofrecimos *V.O.S.* (2009) y *Una pistola en cada mano* (2012), ésta última con bastante éxito de público. El motivo, aparte de la calidad de la cinta, era la presencia de un elenco importante de actores —Ricardo Darín, Luis Tosar, Eduard Fernández, Leonor Watling, Candela Peña, Sbaraglia, Noriega, Mollá, Cayetana, San Juan...— en una sucesión de episodios hablándonos del amor, la separación, los celos, la depresión, la soltería y otros temas de pareja bien tocados y con chispa. Siempre en Barcelona, un cine realizado con mucha naturalidad. Un cine de personajes que nos encantó.

Una de las cinematografías más prolijas en España es la francesa. Todos los años llegaban de allí a estrenarse en nuestro país muchos films; y en Groucho ha sido sin duda la más ofrecida. Fue un placer exhibir varios títulos del gran Claude Chabrol, autor protagonista de la Nouvelle vague que murió con ochenta años en 2010, pero que con avanzada edad siguió trabajando con voracidad. Ofrecimos tres de sus últimos trabajos: *Borrachera de poder* (2006), *Una chica cortada en dos* (2007) y recién abiertos, *La dama de honor* (2004). Protagonizada por Benoit Magimel y Laura Smet, nos enseña el director a la burguesía provinciana, aquí cerca de Nantes, y su habitual suspense con el amor y la pasión como conductores del relato. Otro histórico director que pudimos exhibir.

Y de los Estados Unidos ofrecíamos alguna producción todos los años, siempre de corte autoral. Vamos a destacar aquí a un director de Nueva Jersey, Tom McCarthy, de quien pasamos de estreno *The visitor* (2008), una historia de personajes solitarios que se cruzan, con la música y la inmigración como componentes de la trama. Protagonizada por el veterano Richard Jenkins interpretando a un aburrido profesor universitario en la ciudad de Nueva York. Un excelente ejemplo del cine independiente que se hace en ese país frente a las tonterías que nos llegan masivamente y que nos gustaba intercalar con nuestra programación europea. Problemas sociales de la actualidad analizados con respeto y honestidad. Una buena recomendación en aquellos meses.

Salpicábamos los títulos europeos también con otros procedentes de cinematografías menos habituales, entre ellas algunas latinoamericanas. Destaco en este capítulo a un joven director chileno, Matías Bize, que había ganado con su película *En la cama* (2005) la Espiga de oro de la SEMINCI vallisoletana y que nos enamoró con su cine. Película fresca, de bajo presupuesto y apoyada en unos personajes que se conocen y terminan en un hotel pasando la noche juntos. Peli con un único escenario y un estupendo guion. Cine de jóvenes que afrontan con naturalidad esas circunstancias: ¡magnífica! Y ya en las últimas temporadas incluimos su escalofriante *El castigo* (2022), película rodada en un único plano secuencia sobre una grave situación de pareja, que te sobrecogía.

E igualmente hay una serie de géneros que, por ser su público habitual masculino, no se nos ofrecen con regularidad y se programan menos. Entre ellos, el bélico. Pero voy a destacar una buenísima película, *Days of glory* (2006) del argelino Rachid Bouchareb, que nos trasporta a 1943, durante la II Guerra Mundial, con un grupo de jóvenes argelinos en las filas del ejército francés contra los nazis. Con infinidad de premios y una nominación al Óscar a mejor película internacional ese año. Un punto de vista distinto, el de los extranjeros, y aquí musulmanes, además, en la defensa de Francia. Escenas magníficas con un presupuesto pequeño. Cine con mayúsculas que recomendamos.

Otro extraordinario director que se ha ido consagrando en esos años es el italiano Luca Guadagnino del que pasamos dos títulos de estreno. Primero, *Yo soy el amor* (2009), y después *Cegados por el sol* (2015). Creo que la película con Tilda Swinton la incluimos también en el ciclo de gastronomía que hacíamos en verano, por el romance con el cocinero de un restaurante que recorre la trama de esa familia industrial burguesa en decadencia. Suntuosidad, lujo, imágenes con sensibilidad de la alta sociedad italiana cerca de Milán. Me pareció extraordinaria: pocos directores en la actualidad son capaces de desarrollar ese mundo en la pantalla. Amor y lujo en el cine europeo actual.

Otro de nuestros directores más importantes en todos estos años ha sido el marsellés Robert Guèdiguian, de quien hemos ofrecido unas cuantas películas. Consagrado desde tiempo antes de nuestra apertura, en Groucho hemos pasado *Mi padre es ingeniero* (2004), *Las nieves del Kilimanjaro* (2011), *Una historia de locos* (2015), y *Gloria Mundi* (2019). Siempre con su mujer Ariane Ascaride y su grupo habitual de actores cercanos —Jean-Pierre Darrousin, Gerard Meylan y Anais Demoustier, entre otros—. Suele abordar problemas de la clase trabajadora este cineasta, ubicándolos en su Marsella natal y alrededores. En *La casa junto al mar* (2017), nos habla de la emigración a través de unos hermanos que regresan a casa de su anciano padre, quien regenta un humilde restaurante en la costa. Con cierto tono melancólico en su propuesta profundiza en la sociedad que cambia constantemente. Humanismo a raudales y siempre cierta tristeza en el fondo de las historias. Un director imprescindible en todos estos años. Ya veterano y haciendo una excepción al entorno donde rodaba, fue a África a filmar *Mali Twist* (2021), siempre con la política de izquierdas presente.

Voy a resaltar, en este repaso del cine que dábamos en Groucho, una película israelí de las varias que entonces nos llegaron de ese país y que solían girar en torno al conflicto palestino. Se trata de *Los limoneros* (2008) del director Eran Riklis, con Hiam Abbas de protagonista. La película es una especie de fábula sobre unos árboles cercanos a la residencia del ministro de Defensa. Un film pequeño, con una sencilla historia y un conflicto eterno. Una entretenida película que venía avalada por el premio del público del Festival de Cine de Berlín.

Y repasando los autores, otro de los que tenía mayor prestigio cuando inauguramos era el surcoreano Kim Ki-Duk, fallecido hace pocos años. Pudimos exhibir dos títulos de este director: *Hierro 3* (2004) y *El arco* (2005). Tiene su obra un estilo muy personal con esa tendencia al mutismo y a la contemplación. Cine muy poético. Fue premiado en el circuito internacional de festivales esos años, desde Venecia hasta Valladolid, con varias de sus películas. Otro placer, el ofrecerlas.

Destaco también de esos meses una película diferente, compuesta de varios episodios sobre el mundo femenino, *Nueve vidas* (2005) del colombiano Rodrigo García. Película de grandes actrices —Holly Hunter, Dakota Fanning, Kathy Baker, Glenn Close, Robin Wright— que se ponen al servicio de un cine independiente y pequeño en presupuesto. Refleja momentos corrientes de la vida. Me gustó muchísimo esta película de vidas cruzadas y sensibilidad extraordinaria que obtuvo infinidad de premios aquel año, entre ellos el de Locarno.

Otra de las cintas que más nos impactó fue la rumana *4 meses, 3 semanas, 2 días* (2007) del director Cristian Mungiu y que había ganado la Palma de oro en Cannes. Una película sórdida, en la Rumanía comunista de 1987, sobre un aborto en la clandestinidad. Un tema social afrontado con frialdad que nos mantuvo pegados a la pantalla desde el inicio hasta el final. Sobrecogedora y desasosegante. Cine excepcional de un país con varios autores de una pujanza extraordinaria para contar historias cotidianas de la vida durante aquellos años. Autor muy potente al que le exhibimos, al final de nuestra trayectoria un nuevo título, *R.M.N.* (2022) sobre un conflicto con la inmigración en el interior de su país.

Junto a ese cine más potente por lo consagrado de sus directores en nuestra propuesta, nos gustaba intercalar alguna producción más pequeña. Resaltamos aquí un título minúsculo, *Liverpool* (2008) del bonaerense Lisandro Alonso que previamente había obtenido el premio a la mejor película en el Festival de Cine de Gijón. Un cine casi mudo, con el paisaje de Ushuaia muy presente en una historia mínima llena de suposiciones y abierta a la interpretación del público. Un cine que incomoda a cierto espectador, pero que intentamos ofrecer para complementar otras tendencias o estilos dentro de nuestra cartelera semanal.

APOYOS ESTABLES: EUROPA CINEMAS Y CONSEJERÍA DE CULTURA

La idea con la que el Cine Groucho pretendía ser rentable y permanecer en el mercado, pronto se vio imposible si no se captaba más público. Con el número de espectadores en torno a los treinta mil por año, la rentabilidad era escasísima y se necesitaban más ingresos. Ingresos que deberían venir desde la institución, dado nuestro espíritu exhibidor. Si pretendiéramos ofrecer cine comercial, habría que buscar más espectadores directamente. Pero, como la intención era ofrecer cine de calidad, ahí había que tener un cierto respaldo público para subsistir.

Cualquier campaña promocional privada estaba descartada de antemano dado su posible coste. Algunas ofertas hubo de radios, prensa y televisiones locales para hacernos promoción, pero las circunstancias económicas no lo permitían. Toda esta tarea debería venir por el interés de los medios y del público en nuestros contenidos, y en ningún caso por desembolsos de un dinero que no teníamos.

En ese sentido, ya desde la apertura pertenecer a la red Europa Cinemas fue un objetivo prioritario. Nos identificábamos con ese circuito desde su creación. También lo necesitábamos para conseguir algo de patrocinio, al ofrecer el mismo cine que ellos apoyaban, y por lograr cierta difusión a través de sus acciones. Eso llevó un tiempo, pues tenía que haber trascurrido un año con el cine abierto para solicitar la adscripción a la red y, tan pronto fue posible, se pidió. Entre respuestas, reports de cada año completo de exhibición y demás, tardamos bastante tiempo en lograr los recursos económicos y, aunque fuesen discretos —unos seis mil euros por sala y año— y se liquidasen con un año de retraso, nos vinieron muy bien. Éramos el único cine de Cantabria que pertenecía a esa red. Con ello se consiguió el primer apoyo estable para Groucho. Ya con la programación de 2006 fue posible. Aunque se nos liquidase a finales de 2007: tres años desde nuestra apertura.

En ese tiempo, los apoyos institucionales iban llegando con cuentagotas. Cada vez que se pretendía uno, había que organizar un ciclo o una programación especial. Un evento diferente a nuestro trabajo diario. Así estaba la concesión de esos apoyos, siempre condicionada a actividades paralelas. Una cierta perversión del entramado administrativo que, en buena manera, continúa hoy en día, y que nos obligaba a hacer dos veces el mismo trabajo, ya que programábamos todas las semanas cine de calidad que no obstante no nos servía para obtener ningún apoyo institucional. Con lo que debíamos programar ese mismo cine a modo de evento, conmemoración, ciclo o semana de, para que pudiésemos ser ayudados.

Con esa especie de trampa se convivió los primeros cuatro o cinco años. Lo contrario de lo que suponía pertenecer a Europa Cinemas, donde se nos apoyaba financieramente por el cine que ofrecíamos a lo largo del año, sin buscar nada más, por lo que éramos.

Así, teníamos que proponer constantemente nuevas programaciones a las instituciones locales y autonómicas para conseguir unos recursos que nos ayudaran algo, pero no mucho, ya que a su vez los gastábamos en esos nuevos contenidos, y no en los habituales de nuestro día a día, de nuestra propuesta semanal que por sí merecería ser apoyada. Al Ayuntamiento de Santander y a las consejerías del Gobierno de Cantabria. Sobre todo, la que englobaba Cultura, aunque otras también: Juventud o Asuntos Europeos. Una búsqueda constante de recursos. A veces privados, de empresas, patrocinios y colaboraciones. Era extenuante esa tarea para el proyecto.

Tiempo, entrevistas, reuniones, trabajos para la imprenta, material a proveedores, comunicación... Era agotador sacar adelante los ciclos o programaciones especiales con los que obtener unos pocos recursos extras para sobrevivir.

Por entonces, estuvo durante un par de años en el Gobierno de Cantabria un director de Asuntos Europeos joven, del partido socialista. Alberto García, que llegó desde Madrid. Tenía bastante interés por el cine, y colaboramos en una edición de un ciclo de cine europeo en torno a la celebración del Día de Europa a primeros de mayo. Sin experiencia todavía en esos asuntos y con ánimo de agradar, ofrecimos un ciclo de diez películas, pero ¡todo gratis! Y se formaron unas colas espectaculares esos días. Como era entrada libre, nos situábamos el trabajador Iñaki y yo en la puerta y contábamos los espectadores que iban entrando en voz alta y al llegar al ciento ochenta decíamos ¡ya!, y bajábamos los brazos. Bastantes se quedaban fuera sin poder entrar. Las colas daban la vuelta al callejón esas tardes. Y aunque mezclábamos un cine de autor más difícil con algún éxito comercial, la gratuidad hizo maravillas con la asistencia. Fue uno de los eventos de aquellos años que más éxito tuvo de los que nos requerían la búsqueda continua de financiación.

Esa provisionalidad terminó con la llegada del Partido Popular al Gobierno Regional en 2008 y con el nombramiento de Joaquín Solanas como nuevo director general de Cultura. Joaquín era un hombre que provenía del mundo del teatro y su antigua sala —Miriñaque—, estaba pasando las mismas penurias que nosotros. Su gestión cambió en buena medida el funcionamiento de un sector, el cultural, que anteriormente, salía adelante en ese aspecto de apoyo público por sus contactos; y, desde entonces, lo haría por una ayuda estable de la consejería a través de una orden de subvención para espacios culturales. Esa orden concernía a galerías de arte, pequeños teatros, cines y otros espacios culturales independientes que ofrecíamos una programación no comercial en el ámbito de la comunidad autónoma.

Y, aunque los recursos tardaron tiempo en ir llegando, se instrumentalizó prontamente. Desde entonces y, pese a los cambios políticos posteriores de la administración, el Cine Groucho ha venido contando con ese apoyo financiero de la consejería que daba así respaldo a nuestra programación semanal. Dejamos pues los ciclos a un lado. La búsqueda de financiación ocasional terminó y nos centramos en nuestro día a día con ese nuevo apoyo estable. Unos doce mil euros anuales que, unida a la ayuda europea, nos iban a permitir sobrevivir con la línea de programación cinematográfica que íbamos consolidando.

Han pasado unos años. Estamos en 2024 y esos dos apoyos estables se mantuvieron y han sido la base de nuestro proyecto hasta la celebración de este XX aniversario. En parte gracias a ellos hemos podido mantener esa diversidad en la programación de los estrenos.

UN DULCE PARA CELEBRARLO

Ya hemos mencionado lo necesitado que estaba el Cine Groucho de darse a conocer en esos primeros años y acceder a más público. Había que incrementar todo lo posible la asistencia de espectadores, dada la deuda existente. Y ese objetivo, una vez sobrepasado el impulso de los primeros meses, era cada vez más difícil con el tipo de cine de autor europeo que ofertábamos.

Producto de ese razonamiento fue surgiendo también la idea de celebrar nuestro aniversario. Había pasado ya un año desde la apertura, y era un buen motivo para estar en los medios y que el público supiese un poco más de nuestra existencia.

Como esos primeros años el trabajo fue bastante intenso y las relaciones con amigos no pudieron mantenerse con la regularidad previa a tener el negocio, decidí combinar ambos aspectos. Que unos cuantos amigos nos visitasen, nos ayudasen a Elena y a mí con la celebración que hubiese preparado para el local y que después siguiéramos la fiesta en privado, al igual que hicimos el día de inauguración.

Organizaba un evento de celebración en el cine y una fiesta especial, una cena normalmente, con los amigos que previamente nos habían ayudado con los clientes. Así se hizo varios años desde ese primer aniversario que inauguró la costumbre. Aunque con el paso de las ediciones todo resultaba más difícil e iría poco a poco dejándose de hacer, tanto la celebración en el cine como la visita de amistades.

El evento en el cine era cansado de preparar: buscar ideas originales cada año, nuevas colaboraciones, temas de comunicación, contrataciones al margen de los estrenos. Y también por la parte de los amigos, que querían venir a Santander a cenar y a disfrutar de sus días libres y no a trabajar en el cine. Y es que los primeros aniversarios, la idea era invitar a una tarta a los clientes esos días, y alguien tenía que atenderlo: los trabajadores. Elena y yo nos defendíamos, pero no era suficiente para que saliera bien; y con el apoyo de varios amigos sí era posible.

La efeméride ya tenía su fecha, que coincidía con la de inauguración, en tomo al 3 de diciembre —aunque la hacíamos caer siempre en viernes—. Siendo además esa celebración, el arranque de la temporada ya que desde comienzos de diciembre hasta la Semana Santa era siempre la mejor época del cine en cuanto a asistencia de espectadores.

El primer año hicimos un fin de semana completo de celebración con dos películas de los Hermanos Marx en cartel: *Sopa de ganso* (1933) de Leo McCarey y *Tienda de locos* (1941) de Charles Reisner fueron los títulos que se pasaron. Y se repartieron en tres días cuatrocientas porciones de tarta que yo recogía previamente del obrador del pastelero Sobrino en un polígono industrial a las afueras de Santander y con la que agasajábamos a los asistentes en cada una de las sesiones de las películas. Tres días repartiendo porciones, se podía elegir entre dos sabores —chocolate y mantecado—, con una afluencia notable de público. Fue una gran liada. Lo peor de todo fue la mantequilla de los restos de las tartas: a pesar de tener mucho cuidado con dónde y cómo se comía, nunca en las salas, siempre en el vestíbulo y con sus servilletas, fue inevitable que la instalación sufriese.

Ya para el segundo aniversario simplificamos la propuesta que pasó a ser únicamente de un día. Una tarta que manchaba menos, creo que fue un brownie del cercano pastelero Toni Barros, y la programación de un documental muy interesante patrocinado por el Colegio de Arquitectos de Cantabria: *Apuntes de Frank Ghery* (2005) de Sydney Pollack. Continuamos así la buena relación con el colegio, que nos había concedido en los días anteriores un premio de interiorismo para el cine.

En el tercer aniversario se colaboró con el sindicato UGT y se ofreció una jornada de cine español novel patrocinada por el área de Juventud. Se ofrecieron *La línea recta* (2006) de José

María de Orbe y *Fuerte Apache* (2007) de Mateu Adrover, ambas espejo de diversas problemáticas juveniles. Esa tarde seguimos con la tradición del dulce que se daba a la entrada del vestíbulo —unos pastelitos de la desaparecida Confitería Villaverde—, que seguía ensuciándonos el local y produciendo malas caras en los amigos que a Santander venían y nos echaban una mano con la atención al público.

Yo creo que fueron los años siguientes cuando se dejó de organizar un evento en esa fecha y, aunque se continuó agasajando a la gente con el dulce en años posteriores, se impuso el ofrecérselo cuando hacían la cola de entrada y antes de pasar al vestíbulo. Así nos evitábamos las migas mantequillosas en el interior. Dos años se preparó así, ya sin evento, con degustación del hojaldre torrelaveguense de Santos en el callejón exterior. Hacía algo de frío, era el mes de diciembre, pero era un bocado agradecido por un público que generalmente, no se lo esperaba, ya que dejamos de ofrecer una programación especial para ese día de aniversario.

Y así fueron sucediéndose los primeros aniversarios. Tras el cuarto o el quinto, las reuniones con los amigos pasaron a la historia. Ya no tenía tanto interés el desplazamiento para ellos, lo habían hecho otros años, y la celebración en el cine también pasó a desaparecer. Supongo que por entonces pensaría en celebrar la década o los veinticinco años y ya no tanto el año a año.

Para los amigos, siempre buscábamos algún sitio original para ir esa noche. Una cena con su compañía. Trataba de sorprenderles con algo especial. Ellos venían la mayoría de fuera de Santander. Algunos se desplazaban un año, el siguiente se lo saltaban y así. Otros solo vinieron una vez; también había quien no faltaba nunca. Juntábamos a los amigos de Elena con los míos y fueron varios años con el asunto de unir ambas celebraciones.

En una de las primeras ediciones estuvimos en una casona por una zona no muy concurrida de Santander, cerca de la calle Alta, que, por amistad con una clienta y amiga, alguien nos prestó para organizar un picoteo. Era sede la casa de un club de lectura en un gran salón. Otro año fue en el vestíbulo del mismo cine donde estuvimos cenando y cortando un jamón hasta las tantas. Una tercera fuimos a casa de dicha amiga, autodenominada cocinera clandestina que nos preparó una fiestecita con raciones en su sexto piso de la calle Canalejas con vistas a la bahía. Se llamaba Chus, era una gran cocinera y el cine y ella colaboramos en varias ocasiones. Otras veces fuimos a algún restaurante de la ciudad previo encargo. Creo que a El Machi un año y a El Riojano otro. Sitios con encanto aparte de comida rica, y cercanos al cine para que los amigos se fueran contentos. Recuerdo con cariño aquellas celebraciones.

Lo de dar un dulce o una pasta a los clientes ha regresado por cierto en los últimos años con la reciente celebración del European Art Cinema Day, evento que tiene lugar en noviembre y que realizábamos ofreciendo un dulce de distintas pastelerías de la ciudad al entrar a ver ese día una película de estreno. La celebración posterior con los amigos no se volvió a hacer: decían que ya trabajaban bastante en sus puestos de trabajo como para ir a Santander y hacer de hosteleros.

EL SABOR DEL CINE

El mayor éxito de las salas en esos primeros años lo supuso el ciclo 'El sabor del cine', propuesta que unía este arte con la gastronomía. Un ciclo de películas que tenían como elemento unificador la comida y que se acompañaba con la degustación de un pincho en el exterior del local. Esa iniciativa tuvo un éxito increíble de asistencia, mucha repercusión en los medios y dio a conocer el Cine Groucho a gente diferente a la habitual.

Tras años sufriendo penurias e intentando crecer con el cine independiente que proponíamos todas las semanas; sin embargo, el éxito llegaría con una actividad paralela y no con una película de estreno. Se hicieron cinco ediciones de ese ciclo en varios años, pero ya desde la primera la asistencia fue espectacular. Lo realizábamos en agosto, durante el verano: unos días en que parábamos los estrenos y nos sumergíamos en esa propuesta diferente.

Cada edición suponía colaborar con un hostelero, que montaba su 'bar' en nuestro callejón de entrada. Lo decoraba y lo hacía todo lo atractivo que podía. El cine organizaba la programación de películas y regalaba la degustación de un pincho con cada entrada a una película. Así, el público tomaba un pincho antes o después de la película y veía una buena propuesta de cine gastronómico. Durante esos días se ampliaba la terraza exterior y un librero acompañaba en el evento con su stand especializado en cine y gastronomía. Las librerías Gil, Merienda en el tejado, Roales y La Vorágine fueron quienes estuvieron en esas citas.

Algún escritor con publicación sobre el tema intentaba traer durante la semana. Recuerdo el primer año ir a recoger al aeropuerto de Bilbao a Marta Belluscio, escritora argentina afincada en Barcelona que publicó *Comida y cine: placeres unidos*. El segundo se invitó a un donostiarra, Juan Miguel Gutiérrez, que tenía una estupenda publicación titulada *Coci-*

nar de cine. Otro año trajimos al presentador televisivo David Erauskin que tenía el libro *Cocine: recetas de películas,* con sus colaboradores del programa de EITB sobre cocina. Y también recuerdo a quien nunca quiso venir, pese a que le llamé varios años para invitarle: el escritor barcelonés Vázquez Salles. Decía que en agosto estaba de vacaciones.

El evento se realizaba a lo largo de una semana e intercalábamos alguna presentación de película o algún coloquio en torno al tema. Se preparaba con bastante antelación. Se diseñaban unas postales especiales con la programación que se repartían en la taquilla del cine desde semanas antes (una tirada de cuatro mil aproximadamente). También se ofrecían en otros lugares de la ciudad, en espacios culturales, hosteleros y puntos turísticos. La difusión era clave para el éxito, Los medios apoyaron la iniciativa por simpática y el público, dejó de ser el restringido de todas las semanas, para ampliarse. La Asociación Empresarial de Hostelería de Cantabria, con su gerente Pedro Vega a la cabeza, colaboró con nosotros todos esos años organizando alguna actividad paralela al ciclo y difundiendo el evento entre sus asociados y el público. Se complementaba la propuesta de películas con una exposición en el vestíbulo sobre recetas o útiles de cocina. Una actividad bien urdida, pero de la que no esperábamos tan populosa respuesta.

Fueron cinco ediciones de ese ciclo desde 2005 hasta 2008. La última se hizo años después, en 2014. Cada año se colaboró con un hostelero de la ciudad e incluso de la provincia: Bar Sena, El limonar de Soano, Bar Quebec, La Almazara y el Majuelo y El Museo de la música fueron los hosteleros. Una relación cordial con ellos, que vendían su producto y su imagen en nuestras instalaciones, fue el componente de nuestra colaboración.

Solía salir a lo largo de esa semana algún día con mal tiempo que nos incordiaba para la actividad, pues era en el exterior donde se situaba la oferta gastronómica. Pero normalmente eran días de fiesta, de diversión. La terraza estaba abarrotada a ciertas horas, la gente —parejas, grupos, cinéfilos y aficionados al cine— sacaba las entradas ya con colas. Los amigos se juntaban y quedaban allí. Era un ambiente más social que cultural. Y se hacían buenísimas recaudaciones en esos días, claro.

Esa iniciativa nos dio un impulso definitivo. Con ella, además, se conseguía algún apoyo financiero institucional ya que no teníamos ninguno estable. El de Europa Cinemas estaba en trámite. Pero en ese ciclo nos apoyaban la Consejería de Cultura y —algo también— el ayuntamiento de la ciudad. Y aunque nos ocasionaba algún trastorno respecto a nuestra programación semanal y las relaciones con los distribuidores —alguno encajaba mal que no se diese su película de estreno en esos días— y suponía un gran trabajo de organización coordinar todos los aspectos de la iniciativa, al final compensaba el tiempo y el esfuerzo por el éxito extraordinario de la propuesta.

Se ofrecieron unas sesenta películas sobre la temática en esos años. Diez cada año; y el último de todos, una edición especial antes del cierre de 2014, veinte; aunque ese año el ciclo duró algo más. Alternábamos en cada edición algún clásico con cine más contemporáneo.

Se pasaron títulos emblemáticos como *El cocinero, el ladrón, su mujer y su amante* (1989) de Peter Greenaway, *Deliciosa Martha* (2001) de Sandra Netellbeck, *El festín de Babette* (1987) de Gabriel Axel, *Entre copas* (2004) de Alexander Payne, *Retrato de April* (2003) de Peter Hedges, *Como agua para chocolate* (1992) de Alfonso Arau, *Herencia* (2002) de Paula Hernández, *Big Night* (1996) de Campbell Scott y Stanley Tucci. Siempre cine de calidad. Se tenía un listado con más de cuatrocientas referencias y dependíamos de la disponibilidad de copia de la distribución. Pero, como la actividad se pensaba repetir más veces, a lo largo del año siempre se trabajaba en los contenidos y se estaba indagando en la temática.

Generalmente la gastronomía era una excusa para contar una historia sobre las personas. Es una temática muy tratada en la historia del cine. Se podría considerar un subgénero. Algunos otros títulos ofrecidos en esos años fueron *Celebración* (1998) de Tomas Vintenberg, *La gran comilona* (1973) de Marco Ferreri, *Un toque de canela* (2003) de Tassos Boulmetis o *Fresa y chocolate* (1993) de Tomás Gutiérrez Alea. *La quimera del oro* (1925) de Charles Chaplin ofrecimos un año también.

Sería interminable, en fin, repasar todo el buen cine que, con el pretexto de la gastronomía, ofrecimos esos días de verano. *El dulce porvenir* (1997) de Atom Egoyam, *Cuscús* (2007) de Abdellatif Kechiche, *El discreto encanto de la burguesía* (1972) de Luis Bunuel, *Comer, beber, amar* (1994) de Ang Lee, *La cena* (1998) de Ettore Scola, *Delicatessen* (1991) de Jean Pierre Jeunet y Marc Caro, *Estómago* (2007) de Marcos Jorge, *Haz lo que debas* (1989) de Spike Lee, *Lo que queda del día* (1993) de James lvory, *The lunchbox* (2013) de Ritesh Batra y un largo etcétera de títulos formaron parte de esos ciclos y nos dejaron un buen sabor de boca.

En varias ediciones del evento se batió el récord absoluto de espectadores que en un día hubo en el Cine Groucho. Se llegó a tener cuatrocientas personas en una sola jornada. Una cifra extraordinaria. Lo normal en esas fechas y a diario hubiese sido tener sesenta espectadores. Así que resultó increíble.

Decir que, en los años siguientes, se ha visto una cierta eclosión de esa actividad. Algunos festivales de prestigio (Berlín, San Sebastián) incluso han incorporado una sección de gastronomía en su oferta cinematográfica y se ha generalizado su interés. Nosotros simplemente hicimos un ciclo simpático en nuestras instalaciones. Era económico, además, pues con una entrada que no era cara para la película invitábamos a un pincho recién hecho.

Frente a los otros ciclos que se organizaron en esos años, con los que no acertábamos con ningún tema —los tres de cine español novel, el de cómic, los de pintura— y que pasaron sin pena ni gloria, sin embargo, "El sabor del cine" fue un éxito redondo y situó definitivamente al Cine Groucho como propuesta reconocible y valorada en la ciudad.

EL PÚBLICO DE GROUCHO

El público no tuvo mucho que ver con lo que había imaginado tantas ocasiones antes de abrir el establecimiento, así que hubo en su asistencia bastante sorpresa.

Para empezar, yo tenía cuarenta años cuando inauguré el cine y pensé que la gente de mi generación serían los habituales clientes. Pero me encontré con que no fue así. Eran clientes de bastante más edad los que lo frecuentaban. Por supuesto que, de cuarenta para abajo, no venía absolutamente nadie. Pero los habituales, eran algo más mayores. Esa situación, con el paso de los años, ha ido cambiando, de tal forma que, en los momentos del cierre por el COVID, dieciséis años después, era raro ver alguien menor de cincuenta años por el cine. Además, siempre eran una excepción los jóvenes. El público envejecía con el paso de los años y no había renovación. Por eso el comentario habitual de que moriríamos en la orilla, tras años peleando por la continuidad del Cine Groucho.

Aquí, la pandemia ocurrida sí hizo estragos y desaparecieron nuestros clientes más veteranos casi definitivamente. Los últimos tres años desde las desescaladas se está en un proceso de renovación constante y la edad media de asistencia ha bajado algunos años.

Una segunda característica en los espectadores era ser predominantemente femeninos. Al igual que otros consumos culturales, la asistencia al cine en España, a ese tipo de cine principalmente, es de componente mayoritariamente femenina. El hombre asiste en menor medida al cine que la mujer. Sin atreverme a dar cifras exactas. Una proporción de 70-30 quizás. Algunos días y sesiones era abrumadora la diferencia, nos sorprendía y lo comentábamos a la entrada.

También se podía destacar que muchos clientes iban solos al cine. Muchos tenían una gran afición y veían todos los títulos. Sin compañía. Me llamaba la atención porque no era uno ni dos, si no decenas de clientes que tenían su día de la semana, o su horario, o el pase en versión original, etc. Pero iban solos regularmente. Poco a poco fui conociendo a varios de ellos, por alguna pregunta que hacían o bien, yo les abordaba en otras ocasiones. Quise que ir al Cine Groucho fuese cercano y cariñoso en buena medida. Con muchos tuve relación después. Ese era un aspecto estupendo del negocio, el trato con varios de los clientes que eran aficionados y luego amigos. A mi pareja Elena, también la conocí en taquilla, fue varias veces con amigas.

Otra circunstancia que me sorprendió en Santander fueron las críticas que hubo hacia Groucho. Supongo que por las quejas constantes mías acerca de las salas públicas de la ciudad, ante las situaciones injustas que nos afectaban. Pero un sector de público no paraba de quejarse. Que eran salas pequeñas. O que éramos caros. Otros decían que era una propuesta muy intelectual, cine sesudo. A veces por la escasa versión original programada. Siempre había algún motivo. En vez de apoyar lo bueno que suponía la oferta de Groucho, se insistía en algún aspecto criticable. Ese encono llamaba mucho la atención. Criticas duras de quienes más debían defenderlo para la ciudad. Una nueva perversión.

Otra característica fue la escasa asistencia de los profesionales del cine. Era un cine de autor el que se ofrecía, esperábamos caras conocidas del sector como espectadores habituales. Y eso no fue así. Ni de la ciudad, ni de fuera. Siempre ha habido una asistencia general de público con un bagaje cultural detrás. Pero eran más de otros ámbitos. Del mundo del arte, de la ciencia, docentes, profesionales de la sanidad o de la administración, etc. Había también unos cinéfilos incondicionales que se veían todo. Y no solo en Groucho. También en las otras salas de la ciudad. Pero los más cercanos por su profesión, no lo frecuentaban. Eran una excepción: cortometrajistas, productores, artistas del mundillo, profesores de esos ámbitos audiovisuales, gente de otras salas, etc. Nos hacía gracia esa ausencia.

Así que, si alguien era popular en el sector, ya cotilleábamos la situación. De los pocos rostros conocidos que pasaron por el cine en esos años, recuerdo a Icíar Bollaín, que se quitó el casco de la moto en la que venía ya en taquilla y, nos sorprendió verla, casi de incognito. Era un día entre semana, con muy mal tiempo y ni nos enteramos. Otra vez vino Ernesto Alterio al cine. Trabajaba representando una obra en el Palacio de Festivales y estuvo varios días en Santander. Al hombre debió de gustarle la cosa, ya que repitió al día siguiente. Venía acompañado y, ni preguntamos ni dijimos nada. La discreción era importante. Pero como digo, fueron espectadores ocasionales los de la profesión ¡irán todos a otros cines!, nos decíamos en broma.

Con uno sí que se montó bastante revuelo. Pero aquello fue por mostrar el invitado, Antonio Resines, su apoyo explícito al lugar, al Cine Groucho. Teníamos conocidos comunes, él pasaba los veranos en Comillas, residía allí. Y un amigo le dijo de venir durante el ciclo de gastronomía que hacíamos en agosto y fotografiarse en el cine y conmigo, mostrando su apoyo al negocio y a la actividad. La verdad quedé muy agradecido por el detalle. El lío que armó con su visita fue importante. Respondió unas preguntas a los medios, algo sencillo. Y se le hicieron unas fotos en el callejón de entrada. Tenía mucho tirón en esos años, estaba protagonizando una serie de éxito y la gente lo paraba sin cesar por la calle. Tuvimos mucha notoriedad con su visita en aquel día.

Otro rostro habitual en esos primeros años era el cineasta Elías León Siminiani que siempre nos acababa preguntando por el foco al terminar la proyección. Parecía muy minucioso con ese asunto y le seguíamos un poco la corriente sin valorar bien la cuestión. Como no le conocíamos, nos mirábamos extrañados el operador y yo pensando ¿Quién será este friki? Cuando se hizo famoso con su cine documental me di cuenta del poco caso que le hicimos para lo que se merecía.

Y ya cerca de este aniversario estuvo en Groucho una cara muy conocida del audiovisual, la actriz Adriana Ugarte que, por ser parte de un jurado, debía ver varios títulos de estreno esa temporada. Aprovechó en Santander y vio dos pelis seguidas una tarde de domingo con un pinchito de un bar cercano de por medio, que comió algo rápido con su acompañante en el exterior del cine.

Eran también habituales del establecimiento los pocos críticos que en la ciudad había y a quienes se permitía la entrada libremente. Muchos medios locales no disponían de estos colaboradores especializados y su labor venía realizada desde fuera, de Madrid principalmente. J. Collantes, R. Macho Quevedo, Daniel, Pacolini, Pelayo, J. L. Santos, G. Ballbona y Leandro Mateo son los nombres que a lo largo de los años han asistido al estreno semanal —algunos solo ocasionalmente— y con los que teníamos una amistosa relación.

De lo que sí podemos presumir en Groucho es ser como una pequeña isla en medio de la vorágine del barrio dónde nos encontramos. Por su ubicación céntrica, por el mercado cercano y con las sedes municipales al lado, la zona del Cine Groucho es un barrio más bien popular, de mucho tránsito, rodeado también en buena parte por viviendas residenciales de nivel humilde. Sin embargo, nuestra clientela estaba muy por encima de esa situación. Sobre todo, por su nivel cultural. Ese nos llevaba también al educativo. Mejoramos el entorno en ese sentido con la afluencia de los asistentes a nuestra oferta de cine. Sin ser los únicos en ello claro, otras propuestas cercanas nos acompañaban. Esa es mi percepción al menos.

EL CALLEJÓN Y SUS INCONVENIENTES

Consta el Cine Groucho de un doble espacio: de un lado, el interior destinado a las salas, con un vestíbulo entre ambas, más la taquilla, las cabinas de proyección y los aseos. Aproximadamente unos trescientos metros cuadrados de local. Pero también posee el establecimiento un callejón exterior de entrada, de unos ciento sesenta y cinco metros cuadrados que comunica el interior del local con las dos calles de acceso, Cisneros y Cervantes, y que tiene sus ventajas y algún que otro inconveniente.

Espacio éste del callejón que nunca fue abierto, aunque los inquilinos anteriores del local —un almacén de estanterías que hubo durante varias décadas— lo hubiesen destinado a aparcamiento propio, tuviese vado y dos casetones de uralita con entrada y salida habitual de coches y personas.

Transformar ese espacio, pues, supuso un cierto descubrimiento para la ciudad. Se convirtió pronto en una de las características más especiales del Cine Groucho y llamó mucho la atención al público. Allí se ubicaron las carteleras y una pequeña terraza con mesas para el buen tiempo. También la taquilla daba al exterior, siendo el callejón un lugar de encuentro bastante singular.

Hay que señalar que un complemento importante de muchos cines en España en esos años era el hostelero. En nuestro caso, nunca nos lanzamos a esa faceta. Teníamos una barra en el vestíbulo, pero su uso fue anecdótico, solo para alguna de nuestras celebraciones. Con la reforma de 2015 se hizo desaparecer. Y en el callejón de entrada teníamos un amplio espacio con sillas y mesas que de igual modo solo se utilizaban puntualmente, antes de las sesiones de cine. Además de no tener licencia hostelera, nunca dimos con una fórmula que combinara ambas actividades. Nunca lo explotamos.

Espacio entre viviendas, privado, aunque de uso público a partir de la apertura del cine, en pleno centro urbano, pegado al Mercado de la Esperanza, donde se celebraban mercados al aire libre todos los días de la semana (frutas y textil, tres días cada uno). Esos primeros días de explotación, y pese a que el cine tenía horarios de tarde, yo abría las puertas de entrada del callejón a ambas calles durante las mañanas, para que la gente lo descubriese, mientras estaba en taquilla, que era también mi oficina de trabajo. Y digo primeras porque tuve que dar marcha atrás en su apertura a las pocas semanas. Se me llenaba el callejón de gente, curiosos, borrachines, merodeadores del mercado, gente que trapicheaba en la zona.... Así que me pasaba la mañana saliendo de la oficina y llamando la atención a unos y otros sobre su conducta hasta que, aburrido de discusiones, decidí no abrirlo ya más en esas horas y hacerlo exclusivamente por las tardes, en horario de apertura del negocio, cuando sus usuarios fueran únicamente los clientes.

Ese novedoso espacio escondido entre edificios, con salida a ambas calles, era pese a todo, incluso en horas de funcionamiento, un lugar muy tentador para comportamientos incívicos. Así que siempre nos dio algún problema. Grupos de adolescentes que gritaban, orines nocturnos, algún borracho los fines de semana, carreras de críos con patinetes, los perros y sus necesidades, constantes excrementos de palomas y gaviotas que nos caían, los vecinos que lo usaban como tendedero y a veces como basurero. Un callejón, en fin, que hasta que no fue pasando el tiempo y nos fuimos haciendo respetar era un foco de conflicto casi diario.

El espacio exterior de que disponíamos era muy apropiado para la cartelera, con terraza y unas mesas. También para la espera previa a las sesiones sin peligro de tráfico ni ruidos. O a la salida, para charlar sobre lo visto. Pero nos faltaba un poco de respeto en ese ambiente del barrio donde estábamos. Hasta que un día llegó el primer robo.

He de decir que solo nos robaron cuatro veces en veinte años, y además el importe no fue nunca excesivo dado que el cine no hacia grandes recaudaciones. Y dos de ellos fueron en la misma semana. A pesar de estar en horario laboral, ese primer día —era un martes o miércoles— no nos enteramos ninguno de los dos que trabajábamos allí de lo ocurrido hasta advertir que el cajón de la taquilla estaba desencajado.

Teníamos una puerta de entrada al vestíbulo del cine primero, una puerta para la taquilla después, un cajón con llave en ella y dos personas que estábamos siempre atentos a que no pasara nada, que sabíamos del tránsito en el callejón y del peligro que suponía.

Yo estaba fuera en las carteleras, el operador en su cabina de proyección, ajeno; la puerta de entrada entreabierta, la de taquilla también. La luz de la taquilla encendida, el cajón con la recaudación sin cerrar con llave. En fin, todo se juntó y a media tarde, sobre las 21:00, alguien entró y nos desplumó. No nos enteramos de nada, pero cuando me percaté del cajón algo salido y lo miré habían desaparecido todos los billetes, unos trescientos y algo de euros. Esa fue la primera vez.

Después de poner la denuncia y demás, nervioso por la situación tras perder un dinero que necesitaba por otro lado, la policía me tranquilizó; me dijo que ya había pasado y que, por ello, ya no volvería a pasar. Ya lo habían hecho y no volverían. Que pusiese alguna medida de seguridad en el día a día, pero me olvidase del asunto, que nadie nos molestaría más.

Dieron en el clavo los polis porque a los tres días, el viernes de esa misma semana, a las 21:30, nos volvieron a robar. Esa vez yo no estaba, pero fueron los dos trabajadores, Nacho e Iñaki, quienes, además, pillaron a una chica dentro de la taquilla y sospecharon que algo había pasado. Vieron que faltaba el dinero, la retuvieron, llamaron a la policía, se presentó allí una pléyade. La llevaron a los baños y una mujer policía la registró sin encontrarle nada encima. Nos quedamos sin el dinero de la caja por segunda vez en tres días, agradeciendo a los policías sus previsiones. Otros trescientos euros aproximadamente.

Luego nos fuimos enterando que la chica se debía dedicar a la mala vida y que tenía como chulo a un marroquí al que debió dar el dinero del cajón de la taquilla por el pasamonedas nada más cogerlo. El otro corrió por el callejón hacia la salida a la calle y desapareció en un plis plas. Yo, recuerdo, estaba de fin de semana fuera de la ciudad con Elena y en contacto telefónico con el cine. Habrían pasado tres años desde la inauguración.

El siguiente robo tardó unos cinco años en llegar. Tampoco trabajaba yo ese día. Fue un sábado. Fran y Pablo, los trabajadores entonces, cerraban el cine sobre las 00:30. No sé cómo la policía les llamó al poco de cerrar para que les abriesen, pues habían cerrado con alguien dentro al salir. De todo eso yo me enteré también vía telefónica a esas horas, dado que los policías necesitaban contrastar algo conmigo. Resultó que alguien entró sin que los trabajadores se dieran cuenta mientras cerraban puertas, apagaban luces y bajaban la verja. Y el individuo, al quedarse solo después del cierre, tras ver la taquilla, un cajón en ella y unas llaves cerca, abrirlo y percatarse de que había dinero —otros doscientos cincuenta euros—, decidió llamar a la policía y decir que le habían dejado encerrado allí. Increíble pero la policía echó la bronca a mis dos trabajadores que volvieron a abrir el local para que el personaje saliese. Les cayó un buen rapapolvo.

Una vez dejaron marchar al intruso, los trabajadores se percataron de que les había robado y los policías no daban crédito. Otra denuncia y otro poco de dinero perdido. Y agradecimiento a la policía, por supuesto.

Para el cuarto y último de los robos tuvieron que pasar de nuevo varios años. ¡Este sí que fue inverosímil, y delante de mis propias narices! Estaba barriendo el callejón, otra constante de mis tareas profesionales. Acababa de iniciarse una sesión, serían sobre las 20:10, y estaba todo apagado ya, el operador en su cabina, cuando por detrás de mi veo que sale una persona del vestíbulo, me dice que no conoce el lugar, que llegaba un poco tarde, que no hay luz. Le digo que claro, que ya ha empezado la sesión y no se puede pasar. Se enrolla con preguntas sobre el cine. Yo no le hago mucho caso. Poco a poco comienza a caminar hacia la salida del callejón, marchándose. Miro hacia la puerta de entrada y veo un billete de diez euros en el suelo. Corro a la taquilla, abro el cajón, veo que faltan todos los billetes, salgo a por el elemento... E increíblemente ha desaparecido. Todo un profesional.

Lo gracioso de ese robo fue que, tras la denuncia, tuve que hacer días después un reconocimiento de fotos de delincuentes e insistí en una del que creí fue el ladrón. Pero era imposible porque ese día, el señalado por mí no tuvo permiso: no pudo ser él dado que estaba en prisión. Así que me lucí. Hubo un segundo reconocimiento de delincuentes. Varios policías me indicaron otro posible sospechoso. Decían que estaba muy activo esos días el individuo. Yo asentí esa vez sin estar muy convencido, la verdad. Pero ya nunca más supe del asunto. Juicio, ausencia del delincuente, sentencia a mi favor, pero de nuevo trescientos cincuenta euros menos.

En todos esos casos siempre el seguro se libró del asunto, porque normalmente lo califican de hurto y las pólizas no lo cubren. O has dejado la puerta sin cerrar, o la llave no estaba dada la vuelta... Hay negligencias y claro ellos no tienen la culpa. O hay franquicia y no te pagan los primeros trescientos euros del robo o de la infracción. Si se cumplieran todas las medidas de seguridad propuestas nunca te robarían: no necesitarías seguro con esa cobertura.

Por pasar, en el callejón podía pasar de todo. En el primer año tuvimos hasta una inundación. Sería el mes de abril. Debió de estar la noche anterior lloviendo y sobre la hora de comer reventó una tubería en una calle a la vuelta del cine. Como había algo de desnivel en la zona todo fluía hacia abajo y se formó un río primero, luego un pequeño torrente y, finalmente, un embalse en nuestro callejón de entrada. Y como parte de una sala estaba más baja de cota que el callejón, el agua acabó inundando unos metros de la misma. Tres o cuatro filas de butacas, las más cercanas a la salida. No mucha altura, apenas unos centímetros alcanzó el agua. Los operarios solucionaron aquello con cortes de suministro en el barrio y nosotros estuvimos una hora achicando el agua de la sala. Luego, varios días hasta que se fue la humedad.

Ese fue un aspecto más a tener en cuenta en el Cine Groucho: estábamos en una zona difícil de la ciudad, un callejón especial y tentador que nos obligaba a permanecer siempre atentos, protegiéndonos, vigilantes. Un problema más.

UN CINE PERIFÉRICO

Peleaba solo. El Cine Groucho era una iniciativa individual y no me encontraba apoyado por ninguna red grande. La plataforma de empresas culturales de Cantabria (PECCA) tardó años en surgir y la asociación de salas de cine a la que Groucho pertenecía era insignificante. La mayoría de salas se agrupaban en FECE (Federación de cines de España), pero nosotros no. Estuvimos esos primeros años perteneciendo a SECIES que, aunque presidida por Primitivo Rodríguez, un hombre de prestigio en el mundo del cine, agrupaba a salas pequeñas, contaba con pocos socios y estábamos, además, muy lejos de Madrid, donde acontecían las reuniones y las decisiones. Con lo que poco arropado estaba en ese aspecto. De esa manera, cualquier dificultad o situación perjudicial en que me encontraba tenía que defenderla solo, como buenamente pudiese, casi sin apoyo del sector. Y no tenía pocas, no.

Otra de las características del sector era la toma de decisiones vía telefónica. Eso llegaba al paroxismo en las contrataciones de estrenos. Había personas con las que trataba semanalmente por teléfono, cerrábamos estrenos, fechas, explotaciones, condiciones... y no nos conocíamos en años. Eso era habitual estando situado en una ciudad periférica como Santander.

En Madrid o Barcelona y sus ciudades cercanas, los cines y sus gerentes o propietarios tenían unas relaciones más estrechas. Había preestrenos regularmente. También reuniones sectoriales. A veces comidas de empresa o invitaciones a algún acto. El sector se trataba en persona y había fluidez en las relaciones presenciales. Viviendo y trabajando en Santander aquello era imposible. No conocías personalmente a nadie. No ponías cara a muchas personas.

Y esa era una situación a superar. Intenté estar más conectado con el sector. Era un deseo, hablar en persona, comunicarte, compartir.

Pero teniendo que trabajar en el cine todos los días, aquello se volvía una quimera. Intenté asistir a alguna reunión en Madrid con la asociación a la que pertenecía, pero me acababa quedando dormido en medio de ella; normal, ¡me había levantado a las cuatro de la mañana! Y además tenía que conducir cuatrocientos kilómetros. Se te quitaban las ganas de hacerlo. La posibilidad de tener días libres no estaba a mi alcance por entonces con el poco personal y los escasos recursos que tenía. Al final apenas lo hice un par o tres de veces, con lo que siempre estaba en una situación de pocas relaciones en el sector.

Una de las ocasiones que había para que los empresarios o programadores de cine de provincias se juntasen una vez al año eran las convenciones. Las distribuidoras preparaban un visionado de sus futuras películas y trailers de otras. Se veían y luego te hacían un pequeño obsequio —un Blue-ray, un vino— y nos íbamos todos a comer juntos. Solían celebrarse en Madrid o Barcelona. Esa era una ocasión para ponerle cara al distribuidor con el que llevabas años hablando por teléfono pero que no conocías en persona. Y a empresarios de cine de otras ciudades también. Por mi parte fueron contadas las ocasiones en que asistí a esas convenciones. Para mí seguía siendo complicado el desplazamiento. Con una noche de hotel, algo mejor; pero si lo intentaba hacer en un día llegaba roto tras esos ochocientos kilómetros, con comilona, alcoholes y demás por medio. Necesitaba dos días para recuperarme después. Cuando me invitaban a dormir, tenía que cogerme dos días libres en el cine, lo que suponía otras complicaciones.

Así que, entre unas cosas y otras, la relación con distribuidoras y otras gentes del sector continuaba solo telefónicamente. Y el aislamiento de un cine pequeño y en una ciudad como Santander era manifiesto.

En una de esas comidas de convención en Madrid me hizo gracia que me sentaran en una mesa junto a varios exhibidores a los que llamaban independientes. Yo preguntaba ¿quiénes son?, ¿dónde tienen sus salas? Uno tenía un complejo de ocho salas en Zamora, otro de doce en Plasencia (Cáceres), un tercero con otras tantas en Alcázar de San Juan (Ciudad Real). El último, un empresario británico con veinte salas en tres localizaciones distintas de Benidorm (Alicante). Y yo preguntaba que dónde estaba la independencia de esos exhibidores que se centraban en la oferta de refrescos, chuches y cine de majors. Me decían que porque no pertenecían a ninguna cadena grande se les llamaba así: independientes. ¿Entonces qué era yo con mis dos pequeñas salas? Y no se me daba respuesta por lo raro que era para todos que yo estuviese allí.

También me daba mucha envidia cuando en alguna de esas ocasionales comidas, en convenciones, en inauguraciones o festivales donde coincidía con algún empresario del ramo y me decía que llevaba años yendo, que disfrutaba con tal ciclo o retrospectiva, con tal estancia en Cannes o Berlín. Algunos tenían su asistencia a cierto circuito festivalero como habitual. Yo siempre estaba en la taquilla de mi cine, todos los días del año. Era el empresario pringado del cine. Ellos casi todos, potentados con equipos de trabajo, mucho personal y muchas salas. Pequeños empresarios como yo apenas he conocido en todos los años. Normal: no es una actividad muy tentadora.

PRESTIGIO, CICLO DE CINE AUSTRIACO Y FIN DE LA DEUDA

Poco a poco fueron pasando esos primeros años desde la apertura y el Cine Groucho se fue consolidando en la ciudad. Con la propuesta específica de cine de Europa y de distribuidoras independientes fuimos haciéndonos un lugar reconocible para el aficionado. A eso contribuyó también el ruido mediático que tenían todas las iniciativas que allí se desarrollaban: los ciclos, los aniversarios, las colaboraciones y especialmente, por el éxito del ciclo 'El sabor del cine'.

Esa actividad del cine a la que dedicamos unos días era un complemento más a la sucesión de directores consagrados y otros nuevos que iban llegando al estreno comercial en aquellos años. En Groucho se estaba atento a ambos.

Entre los primeros podíamos destacar al británico Mike Leight, de quien se ofrecieron *El secreto de Vera Drake* (2004), *Happy go lucky* (2008) y *Another Year* (2010) de entre todas sus películas, que mostraban sus dramas sociales y urbanos por los que tenía tanto prestigio. También ofertamos al director griego asentado en Francia Costa Gavras que, en la época en que le estrenamos, había dejado atrás sus films de compromiso político por los que obtuvo su fama y mostraba una ficción más social. Así, pasaron *Arcadia* (2004) primero y, posteriormente, *Edén al Oeste* (2009). En esa propuesta de consagrados hacer referencia también al francés Jean Becker, de quien exhibimos varios de sus exitosos dramas sentimentales: *Conversaciones con mi jardinero* (2006), *Dejad de quererme* (2008) y *Mis tardes con Margueritte* (2010).

En un segundo grupo de directores podemos nombrar a los que estaban en su apogeo en aquellos años y de los que pudimos exhibir alguno de sus títulos importantes. Ese podía ser el caso de André Techine, crítico du Cahiers de cinema en sus inicios y que abordaba las relaciones personales en su cine de carácter intimista, con la homosexualidad siempre presente. Ofrecimos de sus películas *Otros tiempos* (2004) y *Los testigos* (2006). Un segundo nombre es Agnes Jaoui, algo más joven y que alternaba la dirección con la interpretación en su carrera. Como directora pasamos *Como una imagen* (2004), *Háblame de la lluvia* (2008) y *Llenos de vida* (2018), tres de sus películas, siempre con éxito de público; en ellas profundizaba de forma coral en las relaciones entre las personas como su característica principal. Por último, otro director francés, Olivier Assayas, también crítico primero e hijo de cineasta. Uno de los directores más importantes del cine europeo actual. Tuvimos dos títulos fundamentales de él, *Las horas del verano* (2008) y *Personal shopper* (2016), mezclando fantasía y realidad dentro de su estilo cinematográfico.

Y en un tercer grupo podemos resaltar algunos directores que aparecieron con fuerza en esos años y que se fueron consagrando con sus estrenos regulares. Uno de los importantes fue el canadiense Denis Villeneuve, del que ofrecimos *Incendies* (2010), adaptación de una obra teatral previa y que le impulsaría a circuitos más hollywoodienses con sus siguientes películas. Otro nombre atractivo por su cine era la estadounidense Miranda July, de padres escritores y editores cuya peli *Tú, yo y todos los demás* (2005) fue muy aclamada por la crítica y los festivales dentro de una calificación de cine indie. Un tercer nombre sería la directora británica Andrea Arnold, ganadora doble en Cannes del Gran Premio del Jurado por sus películas. Exhibimos las originales *Read Road* (2006) primero y después *Fish Tank* (2009). Una irrupción con mucha fuerza en esas temporadas.

Y finalmente, como me gusta hacer referencia al cine español, incorporamos aquí a un nuevo talento, Isaki Lacuesta, gerundense que se ha ido consagrando con sus premiadas películas en San Sebastián. Ofrecimos *La leyenda del tiempo* (2006) primero y, *Entre dos aguas* (2016) después; ambas conexas y rodadas en la bahía de Cádiz con Camarón de la Isla muy presente. Mezcla documental y ficción en una apuesta muy personal.

Por otra parte, una de las actividades más simpáticas a las que dimos acogida en esos años de forma puntual fue un concierto de cuencos tibetanos que se organizó en una sala, sustituyendo al habitual cine. Nos había visitado semanas antes su impulsor, Helmut, un alemán que vivía apartado en las montañas del norte de Burgos. Decía que lo había organizado en otros lugares y que tenía bastante interés. Buscamos día y hora, convinimos un precio y un reparto de ingresos, lo publicitamos como pudimos y ¡tuvimos un lleno absoluto! Había interés por esos temas esotéricos, como nos dijo. Montó una serie de cuencos en una mesa en la sala 2 y al público le encantó el recital. Nos emocionamos con ello, y decidimos repetirlo a las dos semanas, pero esa segunda vez ya hubo solo media entrada.

También durante esos años se me publicaron algunos artículos en la prensa local, tratando de llamar la atención sobre lo perverso de la gestión pública en la ciudad en el terreno cinematográfico. Fueron varios artículos de opinión en El Diario Montañés primero, y El Mundo (ed. Cantabria) después, criticando abiertamente los contenidos cinematográficos sufragados por las dos instituciones —autonómica y local— en sus respectivas sedes de Bonifaz y del Cine Los Ángeles. Se sumaban los dirigidos por mi parte contra la sala municipal donde el ayuntamiento programaba cine y, a su vez, contra el responsable de la programación autonómica realizada en Bonifaz que, según mi criterio, estaba muy lejos de lo que debiera ser una institución cultural seria.

Esa serie de artículos generaron una polémica con cierto eco. Cuando los medios huelen sangre dan espacio a los implicados y, con esos roces, se ganó protagonismo en Santander. Fueron tres o cuatro años de pelea constante por tener un sitio en la ciudad, por sacar la cabeza ante las injusticias de las administraciones. De ir poco a poco teniendo más notoriedad.

En mi caso, además, el cine era una pasión que mostraba sin disimulo. Durante todos los años de apertura del Cine

Groucho yo he realizado continuamente el trabajo en taquilla de cara al público. Siempre estaba allí. Todos los clientes me conocían porque era el que les vendía las entradas. Con el afán de atenderlos bien, les hablaba de las películas. A unos más, a otros menos, según días, personas y circunstancias.

Y poco a poco fui cogiendo práctica de resumir en dos frases la película que iban a ver. Aquello, que en un primer momento me granjeó cierto buen rollo del cliente, se nos fue de las manos. Se fue corriendo la voz entre el público. La gente no dejaba de preguntar qué película ver y por qué, se formaban pequeñas colas y era imposible responder con calma a las preguntas. Al final tuve que cortar esa situación de forma tajante porque se atascaba la taquilla en las sesiones de más afluencia. Venga preguntas y preguntas, cuál eligen, qué vemos, qué nos recomiendas, será bonita. Pero fue contribuyendo también a que tuviese cierta consideración en la ciudad.

Hubo poco después una fecha que marcó el punto de inflexión del Cine Groucho. Tras unos años duros, ya se empezaba a atisbar cierta luz al final del túnel. La deuda se iba solucionando y, si todo seguía igual que hasta esa fecha, se avecinaban años de alguna ganancia, de recoger los frutos de la siembra dado que el cine funcionaba bien en general. Luego veremos cómo ese tiempo, que llegó, fue más bien escaso. Esa inflexión la marcó la candidatura de la ciudad de Santander a Capital Europea de la Cultura para 2016.

Santander, allá por 2010 se postuló como una de las ciudades candidatas a esa futura capitalidad. Se iba a elegir una ciudad en España que compartiría el rango con otra ciudad polaca. Dos capitales europeas de la cultura en 2016. Pero había que ir superando varias etapas. Para liderar ese trabajo previo, llegó a la ciudad el prestigioso gestor Rafael Doctor y un equipo de personas a su cargo. Fueron meses de estudio, de análisis, de planteamiento de un proyecto de ciudad para esa competición que fue la candidatura. Se instaló la oficina en un edificio municipal junto al cine, en la misma calle Cisneros. Esa capitalidad futura tendría mucha repercusión en el ámbito cultural y turístico para la ciudad elegida. Y, aunque Santander quedó pronto apartada de la competición, el año largo que duró el trabajo de ese equipo supuso un gran impulso al sector cultural, que desde entonces tuvo más notoriedad en la ciudad.

En nuestro caso sirvió para que el ayuntamiento nos apoyase por primera vez abiertamente. Fue en la realización de un evento sufragado por la institución. Como en el proyecto de candidatura la ciudad se dividió en barrios con nombres de países y nosotros estábamos en el denominado Austria, organizamos un ciclo de cine austríaco, país que por aquellos años tenía una pléyade de cineastas en auge, y ofrecimos desde a Stefan Ruzowitzky —*Los falsificadores* (2007)— o Michael Haneke —*La cinta blanca* (2009)—, pasando por Ulrich Seidl —*Import-export* (2007)—, o Jessica Hausner —*Lourdes* (2009)—, hasta Valeska Grisebach —*Nostalgia* (2005)— y Hans Weintgartner —*Los educadores* (2004)—. Fue una semana en el mes de mayo con ese evento que nos dio, por la comunicación, por el patrocinio, por el trabajo bien hecho, por las relaciones institucionales, otro impulso importante. Era un apoyo municipal directo al fin. De aquella candidatura, que finalmente consiguió San Sebastián, por nuestra parte nos situamos como una infraestructura señalada en la ciudad, participativa en su devenir cultural.

Y en cuanto a nuestro posicionamiento en la ciudad, se unió a eso que el Cine Los Ángeles, tras cinco años, dejó de estar subvencionado por el ayuntamiento y decidió continuar su explotación de forma privada, como debió haber sido desde un principio. Terminó entonces nuestra exclusión municipal, dado que ahora ya no se ayudaba a nadie. Competiríamos por fin de igual a igual. Parecía así que el Cine Groucho iba a dejar atrás una etapa difícil, con muchos palos en las ruedas, y que comenzaríamos unos años más tranquilos, sin deuda pendiente, con mejores relaciones institucionales y un cierto prestigio bien ganado, que se reflejaría en más clientes. Esa era nuestra esperanza.

EL PLACER DE MUCHAS PELÍCULAS

Superada esa primera etapa de unos años en la que la actividad se enfocaba en cierta manera en lo extraordinario —celebraciones y ciclos—, pasamos a otra donde, al tener una estabilidad en las ayudas de la administración —europea y autonómica— dejamos esas propuestas e incidimos más en nuestros estrenos semanales.

La línea de contenido de esos estrenos estaba bastante clara desde nuestro inicio, así que el cine de autor siempre fue protagonista en Groucho. Decenas de autores se sucedían desde la inauguración en nuestro espacio. Incluso realizamos una decoración en el cine con nombres de directores de los que habíamos estrenado alguna película como tributo a sus autores. Solo hicimos cinco vinilos y ciento cincuenta nombres. De otra manera, hubiéramos llenado todas las paredes del cine. Pasaríamos en estos veinte años más de mil cien películas de estreno y doscientas en ciclos y eventos. Hubiera sido imposible darles cabida a todos.

Entre todos esos directores ofrecimos un título del portugués Manuel de Oliveira, *El extraño caso de Angelica* (2010), protagonizada por Pilar López de Ayala y Ricardo Trepa —nieto del director y habitual en su cine—, en el que un fotógrafo va a retratar a la hija fallecida de los propietarios de un hotel. Viaje mágico en el que la realidad y la ficción se funden para darnos a entender que la vida y la muerte son una misma cosa. El cineasta murió con ciento seis años y no paró de rodar en la última época de su vida. Ese fue su penúltimo trabajo. Una especial presencia para el Cine Groucho, aunque previamente ya se exhibió del mismo director *Singularidades de una chica rubia* (2009).

También ofrecimos en cartelera *Una mujer en África* (2009), la primera película estrenada comercialmente en España de la directora francesa Claire Denis que protagonizada por Isabelle Huppert nos arrastraba al conflicto colonial de una productora de café en el corazón de África. Una bella y desconcertante película. La directora intentó reflejar el violento entorno de una realidad que conocía bien, dado que pasó su infancia en Camerún, Senegal y otros países africanos, donde su padre fue funcionario público. Con el paso de los años exhibimos otras dos de sus posteriores películas: *Un sol interior* (2017) y *Fuego* (2022), ambas con la estupenda Juliette Binoche.

Otro título importante fue *Nader y Simin, una separación* (2011) del iraní Asghar Farhadi que ganó ese año el Óscar a la mejor película de habla no inglesa. Analiza con el preciosismo propio de este director una separación matrimonial en Teherán. Farhadi es un director al que le exhibimos otros títulos en Groucho —*A propósito de Elli* (2009), *El pasado* (2013) y *El viajante* (2016)—. Eran un lujo las indagaciones en problemáticas personales y sociales que efectuaba en su cine.

Y si hablamos de cine social en estas últimas décadas, los hermanos Dardenne (Jean Pierre y Luc) son los mejores exponentes del mismo. Hemos ofrecido varias de sus películas: *El niño* (2005), *El silencio de Lorna* (2008), *Dos días, una noche* (2014), *La chica desconocida* (2016), *El joven Ahmed* (2019) y *Tori y Lokita* (2022). Resaltamos aquí *El niño de la bicicleta* (2012) en que nos habla de un niño, un padre y de una mujer que lo quiere ayudar tras el abandono de su progenitor. Un cine humanista cien por cien, como es el característico de los directores belgas y que, además, ganó el Premio del Jurado en el Festival de Cannes ese año. Cécile de France está espléndida junto al niño Thomas Doret.

Mezclábamos directores consagrados con otros nuevos, recién llegados a la creación. Destacaremos una película argentina muy pequeña que me gustó mucho en su momento, *Medianeras* (2011) de Gustavo Taretto, con Pilar López de Ayala de nuevo y Javier Drolas. Película sobre las relaciones actuales entre jóvenes y sus dificultades, ambientada en Buenos Aires y en la que la arquitectura está muy presente. Afrontaba muy bien los sentimientos de desazón y deseo de los personajes. Estética muy potente y una propuesta cinematográfica especial.

Y para consagrados, otro indispensable, el director finlandés Aki Kaurismaki, con sus personajes y situaciones extravagantes. Pasamos *El Havre* (2011), rodada en esa ciudad portuaria francesa, con un autoexcluido protagonista Marcel Marx. Lentitud con el manejo de la cámara, una música excepcional como complemento a las historias, que buscan mostrarnos la otra cara del desarrollo a través de personajes ensimismados y cariñosos. Se pasó alguna película de él en nuestros ciclos — *Nubes pasajeras* (1996) en 'El sabor del cine' — y también alguna más de estreno como *Luces al atardecer* (2006) o *El otro lado de la esperanza* (2017); y en nuestra última temporada *Fallen Leaves* (2023), en que alcanza el sumun de depuración formal y narrativa de su estilo. Una obra maestra para buena parte de la crítica.

Uno de los cineastas que aparecieron con fuerza en esas temporadas fue el joven italiano Matteo Garrone, de quien primero ofrecimos *Dogman* (2018) y hacia el final de nuestra trayectoria *Yo, capitán* (2023), con candidatura al Óscar como mejor película internacional ese año. Afronta en ella un tema de cruda actualidad como es la llegada de inmigrantes africanos a Europa. Narrada de forma clásica, esta épica aventura desde Senegal hasta las costas italianas es una road movie magnífica, que se posiciona, en un final agónico, sobre el lavado de manos de los países europeos ante dicho problema social.

En este repaso de películas que ofrecimos no puede faltar nuestro cine. Todos los años se programaban cuatro o cinco títulos de nuestra cinematografía. Es cierto que el cine español no ha estado muy presente en los proveedores habituales de Groucho, pero por algún que otro camino siempre conseguíamos estrenar títulos emblemáticos. Ese fue el caso de *La herida* (2013) de Fernando Franco, con Marián Álvarez como protagonista. Película antipática para el público, como muchas de nuestra programación por abordar problemas o enfermedades varias. Venía avalada además por el Premio Especial del Jurado del Festival de San Sebastián. Aborda la película un trastorno límite de la personalidad. Lo hace de una manera directa y sin pudor. Cine sencillo y sin florituras, lleno de verdad. También pudimos pasar más adelante *La consagración de la primavera* (2022) en que reitera sus temáticas ásperas y su estilo directo.

Otro director importante al que estrenamos una de sus últimas películas fue Alain Resnais. El director bretón murió en 2014, pero en Groucho pudimos apreciar *Las malas hierbas* (2009). Candidata a varios César de la academia francesa ese año, con su mujer Sabine Azema y André Dussollier, es una delicada película sobre el amor, el aburrimiento y la burguesía. Casi con noventa años, Resnais es otro director que rodó hasta el final de su vida. Buen cine francés, una de las cinematografías que más hemos ofrecido. Propuesta artística de otro director mítico, del que anteriormente habíamos exhibido *Asuntos privados en lugares públicos* (2006).

Un director que se ha ido consagrando en los años en que Groucho ha estado abierto ha sido el alemán Christian Petzold, de quien hemos ofrecido sucesivamente todo su cine —*Phoenix* (2014), *En tránsito* (2018) y *Ondina* (2020)—. Hacemos referencia aquí a *Barbara* (2012) con Nina Hoss como protagonista. Con varios premios del cine europeo ese año, se adentra en una realista descripción de lo que fue el Telón de Acero a través de una médico castigada por el régimen de la RDA. Clasicismo en la narración y un mundo interior muy rico que el director siempre sugiere.

Dentro de nuestra programación también había lugar para algunos títulos estadounidenses de corte autoral que se confundían con las propuestas europeas. Una de aquellas películas fue *El profesor* (2011) con Adrien Brody como protagonista, que trasmitía una crítica feroz del sistema educativo americano. Esa ha sido una temática recurrente en muchas cinematografías. La hemos visto en otros directores (Ozon, Jan Hrebejk, Ilker Çatak) pero destaco este título por su solidez y fuerza. Una película descarnada sobre pelear por salir adelante. La dirige Adam Dick, un americano de Illinois.

Otra propuesta imprescindible fue la chilena *Gloria* (2013) del director Sebastián Lelio, que posteriormente ganaría el Óscar a la mejor película extranjera con *Una mujer fantástica* (2017) que también pasamos. Una película protagonizada por la veterana Paulina García que, estando sola en la vida, va buscando el amor en noches de baile y fiestas. La música de Umberto Tozzi, imprescindible salpicando la historia de desamor con su pareja Rodolfo (Sergio Hernández). La soltería, las relaciones en una edad avanzada y sus dificultades. Extraordinario cine.

Tampoco puede faltar en este repaso otro cineasta que igualmente se ha ido consolidando con cada una de sus películas. Es Pawel Pawlikowski, el director polaco de quien estrenamos su película *Ida* (2013) con Ágata Kulesza como protagonista de una historia sórdida sobre una monja que indaga en busca de su origen. Un espectacular formato cuadrado y un luminoso blanco y negro, con un estilo visual deslumbrante. Varios premios del cine europeo consiguió este melodrama que nos impactó en su estreno.

Y otro de los imprescindibles de nuestra cartelera de cine fue Nuri Bilge Ceylán, el director turco del que se pasaron *Tres monos* (2008) y *El peral salvaje* (2019), además de la imprescindible *Sueño de invierno* (2014). Fue ésta una de las más extensas películas que ofrecimos en celuloide, pues no era sencillo programar películas de esa duración —tres horas y cuarto—. Ritmo lento, deambular por los detalles de la naturaleza en este director que profundiza todo lo que puede en las personas y las situaciones. Película bella en una Anatolia nevada en invierno.

Otro de los consagrados es Kore Eda Hirokazu. A este director japonés le seguimos la pista desde su primera peli estrenada comercialmente en España, *Nadie sabe* (2005) que dimos en los primeros meses tras abrir. Luego se han pasado muchas:

Air-Doll (2009), *Nuestra hermana pequeña* (2015), *Después de la tormenta* (2016), *El tercer asesinato* (2017), *Un asunto de familia* (2018), *La verdad* (2019), *Broker* (2022) y *Monstruo* (2023). Así que es uno de los más importantes para Groucho. En este apartado destacamos *De tal padre, tal hijo* (2013), estupenda película sobre la familia, temática recurrente en el director. La diferencia entre la biología y los lazos afectivos culturales tratados en dos parejas a las que por un error han cambiado sus hijos al nacer. Un auténtico melodrama familiar que no cae nunca en lo lacrimógeno. Una magnífica película más de nuestros distribuidores independientes.

Junto a consagrados siempre había sitio para propuestas más sencillas. Ese fue el caso de la argentina *Pensé que iba a haber fiesta* (2013) de la directora Victoria Galardi, con unas destacadas Elena Anaya y Valeria Bertuccelli como protagonistas. Película sobre la amistad de esas jóvenes, sobre el amor, la fidelidad y las exparejas. Personajes bien tratados, con un atractivo guion y con una interesantísima narración. Una joyita.

Otro de los lujos de nuestra programación fue *La gran belleza* (2013), la película de Paolo Sorrentino que, además, atrajo al público a las salas de una forma extraordinaria, siendo en esos diez años de celuloide, la película más vista en Groucho con más de tres mil espectadores y once semanas en cartel. Con su actor fetiche Toni Servillo durante el verano romano, refleja una trama de relaciones inconsistentes que se producen en palacetes y villas. También ganó el Óscar ese año a mejor película de habla no inglesa y mezcla de forma radical música disco con ambientes eclesiásticos, fiestas y popularidad. Un poco caótica y a veces superficial. Un director también en la vanguardia del cine en esos años y que estuvo ofreciéndose en su estreno en Groucho.

Otra de nuestras cintas pequeñas fue la belga *Una casa en Córcega* (2011) del director Pierre Duculot y protagonizada por Christelle Cornill, con la herencia de una casa en la isla de Córcega por medio. Película sobre la vida, la familia, el pasado y el madurar.

Un cambio de vida que afecta a otras personas. Una historia realista que te toca el corazón.

E incido en otra cinta sudamericana, esta vez premiada con la Concha de Oro del Festival de San Sebastián. Se trata de *Pelo malo* (2013), la película de la directora venezolana Mariana Rondón sobre un niño de nueve años que quiere alisarse el pelo para una foto colegial. Hay un trasfondo social palpitante en ella, otra característica habitual del cine que ofrecemos. Un entorno obrero y marginal en la capital venezolana donde se desarrolla. La película es un viaje a otra cultura, a otra realidad. Película de descubrimiento de otros mundos a través del cine que en esos años se ha ofrecido con asiduidad.

Y muy representativa de la sucesión de directores que se han exhibido en Groucho en ese periodo fue la propuesta conjunta de siete de ellos en *7 días en La Habana* (2012). Laurent Cantet, Juan Carlos Tabío, Gaspar Noé, Pablo Trapero, Julio Medem, Benicio del Toro y Elia Suleiman retratan la capital cubana y sus gentes en esos episodios que se suceden en sus diversos barrios, culturas, generaciones y ambientes. Película desigual dadas sus distintas partes, pero interesantísima. Con guion de Leonardo Padura, es otra de nuestras recomendaciones autorales en Groucho.

Y terminamos este sucinto repaso con otro de nuestros directores fetiche, el austriaco Michael Haneke, del que tuvimos en esos años *Caché* (2005), *La cinta blanca* (2009) y *Happy end* (2017), además de *Amor* (2012) la película con Emmanuelle Riva y Jean Louis Trintignant sobre dos ancianos con más de ochenta años y su aproximación a esa edad avanzada. Un dramón tremendo sobre el dolor, la muerte, los cuidados y la vejez. Una indagación descarnada en las personas mayores. Cine que abruma, pero que es tierno a la vez. Una excelsa película, como lo han sido todas las de este gran director, un referente en el cine de autor de nuestros días.

EL IVA Y LA DIGITALIZACIÓN. EL PRINCIPIO DEL FINAL

Las circunstancias favorables a las que nos hemos referido apenas duraron en el Cine Groucho. Tras haber superado la dura financiación de los comienzos y estar ya el negocio sin ninguna deuda pensábamos que, tras seis años recorridos, habría por delante otros de bonanza. Pero eso apenas se prolongó un par de ellos. Tanto como un caramelo a la puerta de un colegio nos duró la alegría.

Dos acontecimientos vinieron a alterar esa situación más amable. De una parte, el cambio de tecnología que se avecinaba en todo el sector y cuya instalación no se podría demorar en exceso. De continuar abiertos, deberíamos afrontar su alto coste y endeudarnos de nuevo. De otra parte, los vaivenes políticos en España hicieron que se tomara una decisión muy perjudicial para la actividad. Se modificó el IVA del cine, el que repercutía al público, que pasó de un 8% a un 21 % de un día para otro, a comienzos de septiembre de 2012. Y esa situación ya desde un principio se vio que sería casi insuperable.

El proceso de digitalización se venía demorando varios lustros en toda la industria mundial del cine. Se decía que llegaba, pero siempre se acababa posponiendo. Ya cuando se abrieron las Salas Groucho en 2004 me hablaban de ese futuro. Fue larga la espera, pero al final el cambió llegó.

Y en cuestión de pocos años desde su inicio en 2010, las empresas importantes, distribuidoras y salas, hicieron los primeros cambios a la tecnología digital, con la exhibición de títulos en 3D. El sector se fue embarcando paulatina pero definitivamente en la sustitución de la tecnología. Para todas las salas de España suponía fuertes inversiones. Nosotros, como empresa muy pequeña que éramos, íbamos a estar en el furgón de cola de quienes hicieran los cambios. Se tenía decidido esperar.

Los cambios suponían una fuerte inversión económica. Muchas salas se apuntaron a ayudas institucionales. Se solicitó un presupuesto a un proveedor cuando se atisbaba que no se podría trabajar en un futuro sin la nueva tecnología. Todas las distribuidoras empezaron a incorporar soportes digitales poco a poco desde ese 2010, y el celuloide, esta vez sí, iba casi a desaparecer del mercado de estreno en breve tiempo. Los equipos presupuestados eran muy caros. La rentabilidad del cine además era escasa. Yo estaba cansado de tanta dedicación, de un esfuerzo continuo que llegaba a agotarte. Siempre muchas horas, muchos problemas diarios de funcionamiento, un margen de negocio muy pequeño, el tema del IVA que nos ahogaba.... y decidí no hacer el cambio.

Tras dos o tres años de transformación del sector, el momento clave para nosotros llegó en el verano de 2014. Nos anunciaban que dejaríamos de tener material de estreno de nuestros proveedores en 35mm. En pocos meses, todas las películas irían en el nuevo soporte digital. Se nos terminaba el tiempo. Cambiar o cerrar. Y decidí cerrar.

De hecho, ya en 2010 adquirimos un sistema de proyección profesional para Blu-ray, dado el comienzo de ese proceso de digitalización. Se instaló en una de las salas, y allí se alternó desde entonces la proyección en 35mm con ese nuevo sistema. Fue una solución menor, una especie de parche temporal.

Entre las muchas veces que ese tema estuvo presente en las conversaciones con otros exhibidores, en comidas, reuniones, contactos telefónicos o correos, decidí hacer un viaje relámpago para ver la instalación de otro exhibidor que, él sí, optó por el cambio. El Cine Trueba, de San Sebastián, dos salas parecidas a Groucho, inauguraba sus nuevos equipos e instalaciones con un ágape y una proyección especial por aquellos días. La gerente de la empresa, Coro, me había invitado al acto y allí que me fui para ver los nuevos sistemas de proyección. Todo me pareció sorprendente ese día: los nuevos equipos, pequeños, muy manejables y la luminosa proyección. Pero me vine con las ideas claras de que, dado que había que invertir una buena pasta, yo esta vez no iba a hacerlo.

Y aunque parezca inverosímil, otro de los primeros cines en realizar ese cambio de tecnología estaba en un municipio pequeño de siete mil habitantes, en concreto en Aguilar de Campoo (Palencia). Un cine precioso, el Cine Campoo, que gestionaba la misma familia desde su apertura en los años cuarenta y que se había trasformado posteriormente en dos salas. Hice un desplazamiento para conocerlo con Elena y, aunque pasamos algo de frio viendo una película de animación del argentino Campanella, *Futbolín* (2013), nos sorprendió el aguante y la tenacidad de su propietario Jesús con su explotación de estrenos en un pueblo dónde según él, se oían las pisadas de los clientes al final de la calle cuando se dirigían al cine de lo desolado que era aquello durante tantos meses al año. Esa visita seguía sin motivarme.

Por otra parte, en esos años de cambio de tecnología en el sector, lo que venía siendo realidad cada trimestre, era la difícil situación financiera de las salas debido al cambio del tipo de IVA. Hasta ese momento (1/9/2012), las salas soportaban un IVA del 21 % de los proveedores y servicios, y repercutían al público un 8%. Tratamiento fiscal que permitía al cine soportar más IVA del que se repercutía al cliente. Con lo que, a final de año, el saldo era siempre favorable al cine. Y así, el año siguiente, en torno a mayo, existía un remanente de dinero que volvía a las salas desde Hacienda. En nuestro caso era aproximadamente de seis mil euros anuales. Al cambiar el tratamiento fiscal e igualarse el IVA soportado y el repercutido al 21 %, la sala de cine no solo no recibiría en el año siguiente cantidad alguna, sino que todos los trimestres las cuentas salían a ingresar a hacienda unos dos mil euros aproximadamente. Con lo que de un día para otro se pasó de recibir seis mil, a pagar unos ocho mil euros anuales. Eso lo aprobó el entonces ministro de Economía Montoro y el Gobierno del Partido Popular. En un día cambió la economía del negocio en buena medida.

Las protestas del sector fueron unánimes. En todo tipo de foros y de frentes —las galas de los premios Goya fueron lo más llamativo—, se hacía ruido buscando el cambio de la norma, y a pesar de promesas y promesas de los partidos de la oposición, la realidad era que el sector con esa medida, estaba muy castigado. El Estado necesitaba recursos, nadie negaba aquello, pero el sector del cine fue muy perjudicado, estando además en un proceso de fuerte inversión por el cambio de tecnología. Para afrontar esa mala situación impositiva, muchos cines decidieron subir los precios de las entradas y así recaudar algo más en taquilla. Pero aquello supuso a su vez un menor número de espectadores en los meses siguientes por el encarecimiento del consumo. Medida errónea que agravó la situación para las salas.

Cuando apenas habían pasado uno o dos trimestres desde el comienzo de esa nueva normativa impositiva, ya se vio claramente que iba a ser una situación imposible de superar. La rentabilidad desaparecía y las perspectivas de futuro eran negras para las salas. Una circunstancia muy determinante en el Cine Groucho para no realizar el cambio de tecnología. Optar por el cierre, dada la estrechez económica que se tenía.

Entonces, de un lado, cada vez íbamos teniendo menos material en 35mm para estrenar. El poco que nos ofrecían era además con retraso desde el estreno, dadas las pocas copias que las distribuidoras hacían ya en celuloide. Cuando las teníamos, a las dos o tres semanas, las películas perdían cierto interés por parte del público. Por otro lado, el rendimiento del negocio era muy pequeño tras el cambio del tipo de IVA que hemos repasado. Se nos quitó a todas las salas de España un buen pellizco de nuestro beneficio. En esa medida, se encuentra también la razón de que muchos exhibidores girasen a un producto más comercial, con más público, para que así sus salas facturasen más. Nosotros ese giro no lo queríamos hacer. Con nuestra oferta de cine de corte independiente, por tanto, seguiríamos estables en cuanto a espectadores y recaudaciones.

Así que, si a nuestros ideales cinematográficos difíciles de por sí de sacar adelante, uníamos la alta inversión de los equipos digitales que había que adquirir y el poco rendimiento en que había devenido el cine más el hartazgo acumulado en todos esos años peleando por el negocio de forma incansable, el cóctel estaba completo para tomar la decisión del cierre. Ya en esos seis últimos meses, dadas las circunstancias, se fue acumulando algo de deuda que me recordó a épocas pasadas.

Pero, antes del cierre previsto en otoño, se organizó de nuevo el ciclo de mayor éxito, una quinta edición de 'El sabor del cine'. Se trabajó con ahínco en su organización. Duró más días que las primeras cuatro. Y hubo actividades de todo tipo. En aquella propuesta, no sé si porque habían pasado varios años desde la anterior, o por el estado casi de arrinconamiento ya del 35mm, o por el calor del verano o lo que fuese, nuestro éxito fue más bien discreto y la decisión del cierre que estaba pensada por entonces no cambió. Solo faltaba ponerle una fecha y eso se hizo unas semanas después, al inicio del otoño, que estaba siendo muy pobre también en cuanto a asistencia. Decidí no afrontar el cambió de tecnología y cerrar el cine hacia finales de octubre de 2014.

Año sabático

EL ÉXITO DE UN MERCADO

Tras el esperado anuncio del cierre, pues vivíamos en una ciudad pequeña y todo se sabía, los últimos días de actividad llegaron hasta el jueves 23 de octubre de 2014, con una afluencia abundante de público. Gente despidiéndose, dando las gracias, algunos llorando incluso. Momentos amargos para mí. Había en esos días finales una sensación de tristeza general.

Al día siguiente hice un desplazamiento que había estado preparando en los días previos. Me fui hasta Pamplona para ofrecer el cine a la empresa Golem, mi proveedor más importante de películas en esos años, con quienes tenía buena relación y que también gestionaban un pequeño parque de salas en varias ciudades, desde Madrid hasta Bilbao, pasando por Burgos y la misma Pamplona. Estuve con sus dos propietarios, Otilio y Josecho pero, aunque me acogieron con amabilidad, mi oferta no entraba en sus planes de circuito y volví a Santander el mismo día con las manos vacías. Adiós a un posible traspaso.

Los dos trabajadores, Fran y Pablo, tenían aún contrato y ya desde el mismo viernes sin sesiones de cine, se pusieron a preparar una cabina con nuestro mejor material de proyección y a dejar vacía la otra, desmontando la maquinaria. Y se aprovechó para ir sacando hacia el vestíbulo material de todo tipo que rondaba por diferentes espacios del cine. Se hizo una limpieza general y se pensó celebrar un mercado el siguiente fin de semana para deshacernos de infinidad de cosas que podrían reportarme algún dinero por una parte y que los futuros inquilinos seguro que agradecerían no estuviesen allí.

Así que, con el apoyo de clientes y algún comerciante del barrio, los trabajadores y yo organizamos y tuvimos en el vestíbulo y el callejón de entrada un mercadillo de todo tipo de cosas relacionadas con el cine y su trayectoria. El domingo siguiente, diez días después del cierre, se realizó el mercado de diez de la mañana a dos de la tarde. Elena nos echó igualmente una mano.

Y tuvo un éxito extraordinario, increíble la cantidad de gente que pasó por allí. Si hubiese ido tanta gente regularmente al cine, no hubiésemos cerrado. Curiosos variopintos, clientes, cinéfilos de todos esos años, amigos, gente interesada en los materiales. Fue un no parar durante toda la mañana, deshaciéndonos de todo tipo de cosas. Desde una pantalla que habíamos cambiado en los primeros años, pasando por artículos de hostelería que acumulábamos, dado que se habían organizado muchos eventos. Material sobrante de la obra —recuerdo un grifo y un fregadero entre otras cosas—, hasta afiches de películas organizados en cubos. Cuadros, bobinas, la terraza con sus sillas y mesas, papeleras. El panel gigante de Groucho Marx con su puro que presidió nuestro vestíbulo esos diez años lo compró un hostelero cercano para otro establecimiento.

Láminas de la decoración, cartelones grandes de películas, tazas con nuestro logo que sobraron de una promoción que hicimos años atrás. Fue una mañana increíble, un continuo enseñar, ordenar, vender, empaquetar...... Un primer día de rebajas de algunos grandes almacenes pareció aquello. Éramos cuatro atendiendo y no dábamos abasto en ocasiones. En fin, una montaña rusa de emociones con las ventas al deshacernos de todo.

Y claro, se hacía caja. No estuvo nada mal, no parábamos de vender cosas. Poco a poco, las cantidades no eran importantes, pero sumando y, con lo que llevábamos de los días previos —cuando, preparando el mercado alguien entraba y ya cogía algo y lo pagaba—, se sacarían unos seis mil euros por ese concepto, lo cual me vino muy bien desde todo punto de vista: dejar limpias las instalaciones y recaudar ciertos fondos. Esos eran nuestros objetivos, sin que se supiese qué destino tendría el cine.

Había peticiones que nos sorprendieron y que regalábamos. Unos cuantos clientes nos demandaban trozos de celuloide y se les preparaban en las cajas de cartón en las que nos llegaban los tráilers. Otros —un público que decía ser cliente pero que yo no recordaba, la verdad— elegían a placer, y gratis, las guías de las películas que quisieran. Se ordenaron en cajas. Mis trabajadores dijeron que se les pusiera precio. Poco, pero algo, dado que alguno se aprovechaba de la gratuidad. Pero al final no se hizo. Se regalarían unas dos mil guías. Desaparecieron todas. Entre los clientes, uno habitual por entonces, Javier Noriega, quería un regalo para su hermano Eduardo. Al final nos compró una bobina como recuerdo. Yo le decía, deja a tu hermano en paz, no le molestes con trastos, ten consideración. No hubo manera, se la llevó como pudo el hombre.

Coleccionistas de material de proyección compraron alguna cosilla como recuerdo, dado que teníamos varias piezas mecánicas por allí. De hecho, una máquina de proyección Prebost se la llevó uno de ellos. Lámparas ya fuera de uso, bafles y etapas de potencia, piezas sueltas. El local quedó limpio de una ingente cantidad de cosas que a veces no sabíamos ni de dónde habían salido.

Un periodista amigo de un medio cercano quiso que le vendiéramos una butaca. Había alguna sobrante en un pequeño almacén y Pelayo, del medio digital Cinentérate, la quería como recuerdo. Aquello no fue posible. Creo que porque no podía separarse de las otras seis de la fila. Tampoco se llevaron el neón de la entrada y los lavabos de milagro.

Un aficionado compró en los días siguientes toda una colección de afiches de las películas que habíamos estrenado en los diez años. A un precio irrisorio, unos trescientos euros todos ellos. Una oportunidad buena para ese material que nos estorbaba y que el día del mercado no estuvo bien organizado para su venta.

Una vez terminada esa jornada de mercado, a los dos o tres días, se cedió lo sobrante a un comercio de la ciudad para, según su dueño, sumarse a la próxima oferta de la campaña navideña de material de segunda mano. Pero ya poco había quedado. Se llevaron también al domicilio las cosas de la oficina, el ordenador y algún recuerdo. Salvo el suministro de luz, se cerró todo el local y se puso punto y final a una etapa de diez años del Cine Groucho con proyecciones en 35mm.

Se desmontaron hasta las carteleras exteriores que teníamos en el pasaje de entrada, azuzados por el dueño de ese local vecino, quien nos había permitido instalarlas en sus ventanas ciegas todos esos años.

Y así terminó esa etapa en Groucho. El local casi vacío de decoración, limpio en general, como queríamos. Solo con una cabina de proyección con nuestro mejor material para que lo explotase el siguiente inquilino. Los dos trabajadores también terminaron en esos días su ocupación. Y así, se dio paso a unos meses solucionando los temas económicos y a la espera de acontecimientos.

UN AÑO DE INCERTIDUMBRE TRAS EL CIERRE. ADIÓS AL 35MM

Incluso antes de decidida la fecha exacta del cierre, el negocio ya se puso en venta. Se fijó una cantidad —ciento veinte mil euros—, y un intermediario —la inmobiliaria de Santander con la que firmamos el alquiler diez años atrás—. No recuerdo el tiempo que el negocio estuvo disponible antes del cierre en octubre, pero sin duda varios meses. Es cierto que me dijeron que esas cosas tardaban, pero no hubo un solo interesado en todo ese tiempo. La cosa pintaba mal.

En aquellas circunstancias, uno de los empleados, Fran, que ya llevaba seis años en el cine trabajando conmigo, me mostró su interés en hacerse con el negocio al cierre. Fran era un gran aficionado al cine y valoraba lo que se llevaba años proponiendo en Groucho. Su ilusión duro bien poco dado que en su familia por entonces no creyeron en el proyecto y se mostraron reacios a apoyarle económicamente. Él, en parte debido a ese gran entusiasmo en su círculo cercano, desistió del intento prontamente y ambos continuamos como si nada hubiese sucedido.

Así que, cuando dos o tres días antes del cierre recibí un correo de un muchacho comentándome su intención de darle continuidad al cine y recuperarlo mediante un proceso asociativo, la idea me pareció estupenda y me ofrecí para facilitárselo. Esos cierres eran habituales en los años previos en España y había habido movimientos colectivos en otras ciudades para hacerse cargo de cines que iban cerrando.

Todo fue muy rápido en esos días. Cedí las salas a ese grupo para que convocaran un par de reuniones asamblearias. Eligieron Junta Directiva y votaron por un nombre, Amigos de Groucho, en su segunda reunión. Fotos, noticias en la prensa y buenas intenciones de agilizar las cosas. Y un nuevo precio de setenta y dos mil euros de traspaso a la futura asociación gestora del cine.

En ese proceso me sorprendieron las caras de las seis personas elegidas para los cargos. Ninguno era habitual de Groucho. No los había visto por allí, con lo que sospeché que interés por el cine de estreno no tendrían mucho. Pero con las emociones del momento, no me paré a profundizar más.

Aquí hubo un momento muy entrañable pues en una de esas reuniones, la sala repleta de gente, no sé por parte de quien, se pidió un aplauso para el propietario que había ofrecido un cine de calidad en Groucho durante esos años. Yo me quedé un poco aturdido, la verdad, no me lo esperaba. Un aplauso atronador de toda la sala. Un pequeño momento de felicidad en medio de la tristeza del cierre.

Empezaría el procedimiento bastante bien ese grupo. Estatutos, reparto de áreas de trabajo entre los vocales, contactos con movimientos asociativos de otras ciudades. Con unos objetivos de captar mil socios para hacerlo viable en los meses siguientes.

De hecho, yo ya estaba pensando en mi futuro, alejado del cine. Había acabado cansado de un trabajo que sí, me gustaba mucho, pero era muy sacrificado y apenas reportaba beneficios. Con lo que pensé en un cambio a otro sector. Pero para eso, había que esperar unos meses todavía. Tenía que pagar las deudas que existían —al casero se le debían cuatro mensualidades por entonces—, más proveedores, indemnizaciones a los dos trabajadores, etc. De hecho, recibí las dos ayudas estables que el cine tenía (europea y autonómica) tiempo después del cierre. Y entre esos importes y los ingresos del mercado que se había organizado tras el final, apenas tuve que poner de mi bolsillo unos nueve mil euros para zanjar todo.

Se pagó a todo el mundo hasta el último euro. Bueno, hubo una excepción, a quien no se liquidó la deuda pendiente. A la SGAE. Pero eso fue porque no me estaban haciendo unos descuentos que yo creía merecer; así los compensé. Todo eso llevó tres o cuatro meses, tiempo en que la nueva asociación debiera tomar cuerpo.

Tras la Navidad, ya vi que aquello no avanzaba. Retrasos, falta de concreción, indecisiones, y un obcecamiento en que no les llamara para preguntar. Todo estaba cambiando de la ilusión inicial a la parálisis en tan solo unos meses.

En esa situación, la cosa se empezó a tensar. Daban largas a todo y no se veía progreso alguno. Cuanto más tiempo pasaba, el deseo del público que me preguntaba por ello en cualquier rincón de la ciudad iba diluyéndose en cierta decepción. Así, un poco mosca por la poca seriedad de esa gente y la ausencia de información, me acabé hartando. En los medios de comunicación sí que hablaban del proyecto sin cortarse, como de que era un precio alto el del traspaso. Harto de la espera decidí terminar con ese grupo.

Les comuniqué que bajo ningún concepto serían ellos los que gestionarían mi negocio en el futuro, y que ya estaba bien de ir hablando del Cine Groucho por aquí y por allá excepto con quien tenían que hacerlo. Intentaron hasta saltarse mi legal derecho al traspaso. Muy feo todo. Aguanté hasta abril y, defraudado por el tiempo perdido, cambié de rumbo.

Retomé la posibilidad de la digitalización con el proveedor que lo presupuestó antes del cierre. En un año los equipos se habían abaratado bastante. Contacté con un nuevo arquitecto para afrontar una reforma necesaria en varios aspectos del local. Visité algún que otro banco pues iba a volver a requerir financiación para reabrir y empecé a madurar una nueva etapa para el Cine Groucho.

Desde que el proceso de continuidad con la asociación se malogró mi cabeza ya maquinaba otras posibilidades. Tanteé a varios de mis proveedores habituales y percibí en ellos el deseo de que volviera. Todos me ofrecieron su material nuevamente. También asistí en esos meses a unas jornadas sobre salas de cine de autor que se celebraron en Málaga de forma paralela al Festival de Cine Español, con propuestas de futuro, mesas redondas y otras experiencias enriquecedoras.

Pero antes hubo una última opción de traspaso para Groucho. Un matrimonio de Santander que llevaba años viviendo en Francia y acababa de jubilarse se interesó a principios de agosto por el cine. Iban a volver a Santander a vivir y pensaron en hacerse cargo del negocio con su hijo. Nos vimos, tomé un café con ellos, les enseñé las instalaciones. Ellos habían sido clientes de vez en cuando y por tanto, lo conocían. El dinero no iba a suponer ningún problema. Tampoco era tanto. Ya que ellos deberían afrontar la digitalización si querían reabrirlo. Aunque una cabina podría seguir sin cambios, la otra no. Todo conforme, menos mi cabeza, que ya estaba pensando en el futuro y les dije que era tarde; si su interés hubiese estado en febrero o marzo lo hubiera hecho, pero en agosto, con todo pensado para una reapertura, no iba a ser posible.

Bueno, no sé si me equivoqué o no, eso nunca se sabe. Yo lo he continuado explotando los diez años siguientes y muy a gusto. Económicamente me ha ido algo mejor que en los primeros años, pero sin tirar cohetes, hasta que llegó la pandemia en 2020.

Dada la trayectoria y las ganas de la gente tras el intervalo de un año, volví a ofrecer buen cine europeo y de autor en el centro de la ciudad desde octubre de 2015, después de un mes con algunas reformas y la instalación de los nuevos equipos de proyección digital.

Después de reformar

REAPERTURA. REFORMA Y CAMBIOS

Tras la esperada reapertura recuperamos muy pronto el público habitual en las salas. Era como si no hubiera pasado un año y fuese la semana siguiente al cierre. Las mismas caras, las mismas preguntas, una actitud alegre de todo el mundo.

La obra fue bastante rápida esa vez, apenas unas semanas. Todo estaba bien preparado con antelación y el contratista fue una persona seria y cumplidora. La mayor parte de la inversión se la llevó la tecnología, aunque en el local se hicieron algunos cambios que modificaron algo la instalación de Groucho.

Se derribó la barra de bar que teníamos en el vestíbulo y, con un cambio en los aseos, se consiguió un espacio de mayor tamaño. Unos cincuenta metros cuadrados frente a los treinta y cinco anteriores. Se hicieron además modificaciones en la pintura y en la iluminación y algún retoque en la decoración. También la puerta de la taquilla se cambió de sitio. Un lavado de cara rápido, en definitiva. En el exterior se realizó una nueva instalación de metal. Y en cuanto a las salas, lo más significativo fue construir un pequeño escenario en una de ellas. Señalar por último que se retiró la primera fila de butacas de ambas. Catorce butacas menos ofreceríamos.

Uno de los trabajadores que estaba antes del cierre, Fran, con el que no cuajó el traspaso y, a pesar de haber pasado un año, quería reincorporarse. Se hizo igualmente un nuevo contrato con la propiedad y se aprovechó incluso para cambiar la titularidad jurídica de la explotación. Todo se ponía en marcha de nuevo. Reinauguramos a finales del mes de octubre, un año casi exacto desde el cierre.

El proyecto lo gestionó un nuevo arquitecto, por idea expresa de Domingo de la Lastra, que pretendía una intervención de otro profesional en la reforma para darle un giro al espacio. Así, fue otro compañero colegiado, Javier Terán, el que asumió la reforma. Todo salió bien. Esa vez sin problemas ni retrasos:

en breves semanas estuvimos de vuelta en el mercado de la exhibición con la nueva apertura.

Organicé también una pequeña fiesta de inauguración, esta vez controlando a los invitados, a quienes se lo fui diciendo en los días previos casi personalmente. Fueron todo amigos y colaboradores cercanos, más algún fiel del cine, familiares y algunos representantes institucionales.

En la fiesta inauguramos el escenario de la Sala 2. David Dellera tocó varias canciones en el evento. David estaba vinculado a la compañía Los Huesos de Portobello, que ya preparaba la programación musical para ese espacio. Fue un cierto redescubrimiento esa sala, un sonido limpio y un lugar acogedor y especial. Aparte de David y su música, disfrutamos con un vino tinto de Cigales y un jamón que un cortador profesional nos ofreció en el callejón. Hizo buen tiempo, y la cuestión no era tanto enseñar la instalación, que la mayoría ya conocía, sino hacer un poco de ruido para que los medios de comunicación sacasen la noticia y volviéramos a concitar interés. Esa pequeña fiesta fue el jueves 24 de octubre y al día siguiente abrimos el cine con nuevas sesiones para el público.

En esa reapertura tampoco la celebración personal fue como cuando inauguramos el cine. Apenas fui a cenar con unos pocos amigos cercanos, el arquitecto Javier, Luis que se acercó desde Valladolid y Pedro, otro amigo santanderino que nos apoyó con la inicial financiación dado que trabajaba en el banco. Un mesón cercano del centro y un picoteo sencillo para relajarnos del ajetreo de la fiesta en el cine por la tarde. Sin alharacas. Un gin tonic y a dormirla que al día siguiente tenía sesiones nuevamente.

El reinicio de la actividad iba a suponer una serie de cambios para el cine. Cambios que esperaba mejorasen nuestra oferta. Los más importantes iban a ir de la mano de los nuevos equipos de proyección digital que se instalaron en esos días y que nos iban a facilitar exhibir de nuevo cine de estreno de todas las distribuidoras que eligiésemos, y con una gran calidad en la proyección. Pues al final se tiró a la basura la maquinaria de la cabina que habíamos dejado con nuestro mejor material y se optó por digitalizar las dos. En esa nueva etapa se pasó del celuloide a los ordenadores. Y de la saca con rollos, a los pendrives y discos duros. Menos esfuerzo físico, menos trabajo manual y más dependencia de una tecnología caprichosa en algunos momentos. Dejaron de mirarme por la calle también desde ese día: se acabó el ir a recoger los viernes a la estación de autobuses cercana, carro en mano, la saca con los rollos de la película a estrenar. Esa función desapareció para siempre.

Esos cambios del sistema de proyección nos iban a permitir dar una mayor programación, dado que no perdíamos casi tiempo entre una proyección y otra. Antes, con el 35mm, había que rebobinar la película nada más acabase. Había que estar cerca de la máquina y supervisarlo todo. Ahora, con un clic, todo se ponía en marcha. Eso influyó en las sesiones de cine, que decidí cambiar por completo. Pasamos de tres a cuatro todos los días. En diez años, los horarios siempre fueron los mismos: 17:30, 20:00 y 22:30. Y ahora, con cuatro sesiones diarias, los clientes que creían saberlos de memoria tendrían que mirarlo todas las semanas porque, además de no ser los mismos semana tras semana, cambiábamos las sesiones de las películas también.

Unos días de trabajo ahora algo más largos: empezábamos sobre las 16:00 o 16:30 y terminábamos con la habitual sesión de 22:30. En medio, dos sesiones más con interés: a media tarde, sobre las 18:00 o 18:30 y después, el pase de 20:00 u 20:30. Dado que teníamos ocho pases diarios, y a un único proveedor le ofrecíamos tres, podíamos exhibir tres películas cada semana. A veces incluso llegábamos a cuatro. Nos facilitó las cosas que todas las salas de la ciudad ya operaran así. Adiós a la costumbre y sus ventajas.

Las salas se enfocaron hacia más propuestas en esa nueva etapa. Uno de los inconvenientes del Cine Groucho, a mi entender, era que nos faltaba contenido. Necesitábamos ofrecer algo más. Y entre la mayor cantidad de estrenos, la nueva oferta expositiva cambiante una vez al mes en el vestíbulo y la programación de conciertos en la Sala 2 cada dos semanas en los meses de otoño e invierno, e incluso alguna actividad puntual más que pensábamos incorporar con el transcurso de los meses, lo conseguiríamos. Un salto de notoriedad en la propuesta del Cine Groucho que, hasta entonces, por su pequeño tamaño —dos salas de apenas ciento noventa butacas entre las dos—, siempre se nos antojó pobre.

Al mismo tiempo, los estrenos semanales que había en el sector sufrieron un aumento importante en esos años, y si en la época anterior había seis o siete todos los viernes, ahora no era raro encontrarse diez o doce películas de estreno cada semana en España. Además, la cartelera era cada vez más volátil, las películas cambiaban constantemente en cartel. Un cambio en la explotación del cine que venía de la mano del marketing de Hollywood y que trasformó el sector en pocos años. Rentabilidad máxima con el estreno, poco tiempo para explotar una película y rápida sustitución de la misma por otro bombazo mediático.

En cuanto al tema económico, todos estábamos expectantes ante la vuelta atrás del tipo de IVA que se aprobó en 2012. Se anticipaba por todos los partidos de centro e izquierda que lo resituarían de nuevo en el tipo medio. Con esa expectativa se había reabierto el cine, contábamos con ello y esperábamos así tener algo más de margen empresarial en las salas. Al final, se siguió sufriendo varios años y el IVA no volvió al tipo medio del 10% hasta julio de 2018, ya con el partido socialista gobernando. Así que el margen empresarial continuó siendo muy escaso varios años tras reabrir.

A todas esas novedades incorporamos también una red social más —Facebook—, que nos era ajena hasta entonces. Tan solo teníamos en los años anteriores una web un poco antigua que también recuperamos y actualizamos. Con todo ello, nos lanzamos a una nueva etapa de Cine Groucho.

HUIDA DEL SECTOR HACIA LO COMERCIAL. GROUCHO SE QUEDA MÁS SOLO

La siguiente etapa de cinco años, desde la reapertura en 2015 hasta el cierre por el COVID en 2020, se caracterizó en España por la huida de todo el sector de salas de cine a la explotación de un producto más comercial, con el fin de captar un mayor número de espectadores. Ese producto más abierto estaba generalmente en manos de las grandes distribuidoras, las norteamericanas, por lo que su predominio en esos años llegó a ser abrumador. Un proceso que se había iniciado con el cambió de tipo de IVA y se agudizó con el salto digital.

El máximo exponente de ese proceso era Disney (Buena Vista), que antes de la pandemia, entre 2018 y 2019, se estaba acercando a acaparar un treinta y cinco por ciento del total de los espectadores anuales del cine en España con sus películas. Resulta sorprendente que, frente a unas cuarenta distribuidoras existentes, una sola consiga tanto mercado.

Si a Disney le añadimos sus cercanas Sony, Paramount, E-One, Tripictures, Universal o Warner, tendremos constatado el abrumador número de espectadores que ese tipo de cine tiene respecto al consumo total de cine en salas. Si bien es un hecho que se viene produciendo poco a poco desde antes de nuestra apertura en 2004, en esos últimos años se produjo una aceleración del mismo y actualmente está llegando a unos niveles de auténtico oligopolio. Un camino hacia un gran predominio de esas propuestas muy comerciales, y de empobrecimiento general de la cartelera de estreno, ya que todos los exhibidores de España operaron casi unánimemente ese cambio.

El Cine Groucho se mantuvo fiel a su trayectoria. Frente a muchos de los exhibidores que, a nuestro alrededor y en otras provincias, ampliaban a esos públicos su oferta de estreno, abandonando o empobreciendo su cartelera semanal de autor —Cines Príncipe en San Sebastián, Moderno en Logroño o

Manhattan en Valladolid—, Groucho se mantuvo fiel a su propuesta. Incluso profundizamos en ella.

Así, nos fuimos quedando cada vez más solos en España en cuanto al producto que ofrecíamos. No era fácil encontrar en esos últimos años exhibidores que mantuviesen únicamente como proveedores, a distribuidoras de corte independiente como lo hizo Groucho. Incluso salas pequeñas, dado que el público estaba cada vez más al lado de un producto comercial, mezclaban programaciones, a veces con la excusa de ofrecerlas en versión original. Y dejaron su trayectoria a un lado, para intentar sobrevivir en un nuevo contexto de consumo. Cines Norte en Vigo o Van Gogh en León son ejemplos de ello. Algunos desaparecieron al no seguir ese camino, como Lumiere en Barcelona. Otros se integraron en organizaciones más grandes, como el Cine Casablanca (Valladolid) en el grupo Odeón.

Además, si el proveedor era una major eso implicaba que su producto se iba a pasar en todos los cines posibles, y que la exclusividad de la copia en la plaza no existía. Así, una cosa implicaba la otra. Cierto cine, aunque fuese de calidad, un Almodóvar o un Woody Allen, por ejemplo, estaba en todas las salas posibles de España. Se estrenaba con trescientas copias y, claro, el Cine Groucho se mantuvo al margen de ese tipo de explotación. Nunca se compartía copia de ninguna película y se observaba siempre la exclusividad para Santander y Cantabria de la película exhibida.

Nuestros proveedores eran los distribuidores independientes españoles, que estaban pasando momentos de dificultad, dado que muchos exhibidores les cerraban el paso en algunas provincias. Si no con todas sus películas, con bastantes. Avalon, Golem, Bteam, Vértigo, Surtsey, Caramel, Karma, Wanda, o Vercine y otros siguieron sacando y estrenando su material en el Cine Groucho, cuya especialización en ese cine autoral se notaba aún más es esos años.

Durante ese periodo se produjo también un surgimiento importante de nuevas distribuidoras de carácter independiente. Frente al consumo generalizado de cine comercial nos llamaba la atención la aparición de distribuidoras nuevas, pequeñas, que tenían su catálogo repleto de cine europeo o independiente. Era una nueva perversión del mercado. Menos consumo de cine de autor en las salas y frente a ello, más oferta del mismo. No exagero si afirmo que de cinco o seis proveedores que tuvimos el primer año de explotación se pasó a veinte esos últimos años. Había semanas que se estrenaban tres o cuatro títulos de distribuidoras de nuestro estilo. Así que, teníamos bastante oferta y se ampliaron los proveedores, aunque el público no abundaba. Reverso, Abordar, El Sur Films, Festival, Night Drive, Good Films, Syldavia, Alfa Pictures, Adso, La aventura audiovisual y otras distribuidoras se convirtieron en nuevos proveedores para Groucho.

Se repartían ese reducido porcentaje del mercado que estimamos tenía el cine de ese corte. La competencia ha sido muy fuerte entre ellas desde esos últimos años. Unas quitaban el público a las otras. Y a la vez, *Wonder Woman* (2017) o *Fast & furious 8* (2017) o algunos nombres importantes de Hollywood como Burton, Tarantino o Eastwood acaparaban el consumo de cine en salas y apesadumbraban con su número de espectadores semanales. Alguna comedia española, producida por las televisiones se colaba en el año, *Ocho apellidos vascos* (2014) o *Padre no hay más que uno* (2019), por ejemplo. Las migajas se las repartían entre muchos, y el estreno potente arrasaba cada vez con más copias y más espectadores. Un empobrecimiento de la cartelera y de la oferta de estreno cada vez más evidente.

Frente a ese desequilibrio del estreno en cines se estaba produciendo la llegada de las plataformas de consumo doméstico. En esos cinco años fueron apareciendo varias de ellas hasta lograr su cénit con el confinamiento covid. El consumo de cine en casa fue incrementándose paulatinamente y supuso una gran competencia para las salas. Aunque su producto estrella fueran las series, en poco tiempo el cine se fue incorporando a sus parrillas y cada vez fue creciendo más su presencia en ellas. Netflix, HBO, Movistar, Amazon Prime, todas entraron en el sector audiovisual como un elefante en una cacharrería e iban a cambiar el modelo preexistente desde décadas atrás. Las salas de cine, ante esa llegada, evolucionaron ofertando un producto todavía más abierto, como hemos repasado ya en estos párrafos y, así mantuvieron el consumo. Incluso lo aumentaron. Los datos oficiales indican que el número de espectadores en las salas aumentó en esos cinco años de incursión de las plataformas de consumo doméstico. Un treinta por ciento aproximadamente: de casi ochenta millones de entradas vendidas en 2013 a ciento cinco millones en 2019. Con lo que las salas estaban creciendo en espectadores, pese a ese aumento del audiovisual en casa. Otra cosa era con qué producto crecían. Un producto más abierto, el que traían las majors, películas cada vez más tontorronas, el mero entretenimiento, sagas y superhéroes con muchos efectos especiales. El cine de autor estaba cada vez más arrinconado en el estreno y Groucho era uno de sus pocos defensores a ultranza.

Por lo que respecta a la situación económica tras la reapertura, retorné al pozo de las deudas. Para la discreta reforma que se hizo en el local y la compra de la nueva tecnología se necesitaron unos ciento veinte mil euros. Así que otra vez volví a préstamos bancarios, esta vez hipotecando un piso de mi propiedad que no hacía mucho había comprado cerca del cine. Volví a deber dinero y a sufrir por sacarlo adelante. Esa ha sido la tónica del negocio en muchos de los años de trayectoria. De los veinte años que hasta ahora ha estado abierto, nueve han sido con deuda. Tan solo la mitad he estado libre de cargas. Y en esa segunda etapa que se abrió en 2015 iban a ser tres años por delante, hasta liquidar el préstamo por fin en 2018. Después, dos años tranquilos y apareció el covid.

Pero esa historia tendrá su correspondiente capítulo. Por entonces hubo una novedad que se entrelazó con nuestra actividad diaria que fue importante. Al fin, los responsables políticos, tras años de trasladarles nuestras quejas, decidieron dar un giro a la Filmoteca de Cantabria y nombrar un nuevo director por concurso público, con un componente de trasparencia que no existió hasta entonces. Tras varios meses con el proceso y una reforma de la instalación, reabrieron sus puertas con el cordobés Antonio Romero como director. La relación con el nuevo responsable comenzó a ser normal y se tuvo desde entonces un contacto regular con la Sala Bonifaz. Se inauguró una etapa de distensión frente a los años de rodillo del anterior responsable.

En lo que respecta a lo más importante, el tipo de cine que ofrecíamos, hubo una profundización en los mismos contenidos que marcaban nuestra línea de programación pues, aunque empezamos a dar más material que nunca, no nos separamos del tipo de cine que nos definía. Al contrario, empezamos a exhibir algún cineasta más marginal, más programación en versión original, y películas más artísticas, algunas impensables de programar antes.

No había semana en la que, si no teníamos una película premiada en Berlín, como *Taxi Teherán* (2015) de Jafar Panahi, *Sinónimos* (2019) de Nadav Lapid o *Fuego en el mar* (2016) de Gianfranco Rossi, pasábamos otra de carácter artístico excepcional como *La tortuga roja* (2016) de Michael Dudok de Wit o *Loving Vincent* (2017) de Dorota Kobiela y Hugh Welchman, ambas animadas. O Palmas de Oro en Cannes que se han dado casi siempre, desde *Dheepan* (2015) de Jacques Audiard, a *Yo, Daniel Blake* (2016) de Ken Loach, *The Square* (2017) de Ruben Ostlund o *Un asunto de familia* (2018) de Kore Eda Hirokazu. Óscar a las mejores películas de habla no inglesa y, las últimas nominadas a esa categoría cada año, como *Cafarnaúm* (2018) de Nadine Labaki, *Tony Erdmann* (2016) de Maren Ade, *El hijo de Saúl* (2015) de Laszlo Nemes o *Ida* (2013) de Pawel Pawlikowski, por solo señalar algunas.

El cine español estaba siempre presente con varios títulos inmejorables cada temporada; *Los días que vendrán* (2019) de Carlos Marqués—Marcet o *Madre* (2019) de Rodrigo Sorogoyen estuvieron el último año, junto a la animada *Buñuel en el laberinto de las tortugas* (2018) de Salvador Simó. Autores iberoamericanos tampoco faltaban en cartelera. De entre todos recuerdo a Sebastián Trapero con *La quietud* (2018), a Pablo Larraín con *Ema* (2019), *Las niñas bien* de Alejandra Márquez Avella o *La vida invisible de Eurídice Gusmäu* (2019) de Karim Ainouz, entre otros muchos.

Todo ello se iba combinando con algún título estadounidense de corte independiente y algún otro de cinematografías más exóticas. Entre las primeras, por ejemplo, *Columbus* (2017), un magistral ejercicio de estilo de Kogonada o *Galveston* (2018) con Mélanie Laurent adentrándose en la profunda Texas. Entre las segundas, se me ocurren *El Cairo Confidencial* (2017), del sueco de origen egipcio Tarik Saleh, o el también noir *El lago del ganso salvaje* (2019) del prestigioso Diao Yinan, de quien ya se exhibió su debut años antes, *Black Coal* (2014).

Por tanto, en el Cine Groucho hemos intentado enriquecer la propuesta exhibidora para Santander. Prácticamente nunca hemos compartido copia de una película con otros exhibidores, hemos incorporado cine más artístico o minoritario en esos señalados años, luchando contra la masificación cada vez más imperante en España y hemos intentado con todo nuestro trabajo asentar al Cine Groucho en esa línea de programación con un público tan escaso como fiel.

Y creo que hasta el covid lo estábamos consiguiendo.

ACTIVIDADES Y AGENTES CULTURALES

Como ya hemos esbozado, tres fueron los asideros de esa nueva propuesta de reapertura. De un lado, una programación artística en nuestro vestíbulo gestionada por la cercana Galería de Arte Acuarela. De otro, una programación musical en nuestro escenario de la Sala 2 gestionada por Los Huesos de Portobello. Y, en tercer lugar, y distribuidas a lo largo del año, una serie de propuestas cinematográficas especiales que intentamos ir consolidando con el patrocinio de la Fundación Santander Creativa. El tercero de nuestros apoyos estables, y con el que pudimos realizar esos eventos puntuales a lo largo del año.

Entonces, con la reapertura de 2015 fueron cambiando algunas cosas en el Cine Groucho. Aparte de la música y el arte, hubo más programación y más sesiones diarias y semanales de cine. Más oferta en general. Ese era un objetivo marcado de antemano dado que, si ofrecíamos más contenidos, era posible llegar a más público. Otra de las características en esa nueva etapa fueron las actividades cinematográficas estables. Llevábamos un tiempo sin ciclos ni ofertas intercaladas en la programación de estreno. Ahora íbamos a optar por eventos o celebraciones puntuales.

Siempre se ofrecía como contrapartida al soporte económico, la difusión de la entidad patrocinadora. Para ello se rodó un spot. Lo realizó ingeniosamente la productora local Burbuja Films en apoyo a los pases que se hacían en Groucho en versión original que, desde entonces, se comenzó a ofrecer de forma continuada en sesión de 22:30.

De esas nuevas actividades, la primera ocurría en mayo y era la celebración del Día de Europa con una jornada a precio reducido y siempre en versión original, de dos títulos de cine europeo que no habían llegado en el estreno comercial a la ciudad. Eran títulos algo más marginales de lo habitual que, con ese evento, nos permitíamos ofrecer. Recuerdo *La portuguesa*

(2018) de Rita Acebedo, *Paz en nuestros sueños* (2015) del litua-
no Sharunas Bartas, *El cartero de las noches blancas* (2014) del
ruso Andrei Konchalovsky o *Amante por un día* (2017) del francés Philippe Garrel, entre otras propuestas magníficas de esa
conmemoración. También se preparaba un programa de mano
especial en ese día. Se hacía una comunicación específica con la
celebración, la Fundación Santander Creativa siempre liderán-
dola. Todo ello se unía a un precio más bajo del diario y con ello
se conseguía algo más de público que habitualmente.

La segunda actividad se realizaba en otoño, sobre el mes de
noviembre, y contaba con la colaboración del psiquiatra Rafael Manrique, escritor y experto en cine, que él mismo elegía
para la jornada de temática psicológica. Se incorporaban dos
películas, siempre en versión original, e igualmente se preparaba un programa de mano especial. Entre las sesiones de cine,
normalmente tres en cada sala ese día, impartía su charla/en-
cuentro con el público de una hora de duración y que siempre
concitó un lleno absoluto de la sala. Temas como el suicidio, la
inteligencia emocional, los amores raros o el amor y el dolor
fueron interesantísimos, y el cine un magnífico acompaña-
miento: *Oslo, 31 de agosto* (2011) de Joaquim Trier, *De óxido y
hueso* (2012) de Jacques Audiard, *Loreak* (2014) de Jon Garaño
y Jose Mari Goenaga o *Ayer no termina nunca* (2013) de Isabel
Coixet estuvieron pasándose en la jornada. Un día de ajetreo en
la sala. Y una actividad muy interesante.

Además de esas dos jornadas cinematográficas que nos
patrocinaba la Fundación, dimos cabida a otras iniciativas por
nuestra cuenta. Una era muy deseada. Fue ser sede de otra propuesta de festival. Tras los dos años del FICARQ, que no volvió por la ciudad y que comentaré más adelante, se dio paso
a acoger otra iniciativa que llevaba diez años de recorrido, el
Picknic Festival. Esa propuesta singular de cortometrajes, cine
experimental y videoarte que realizaba el gestor Luis Bezeta
en sus vacaciones santanderinas siempre incorporaba una pe-

queña sección de largos en sus tres o cuatro días de duración. Le dábamos cabida en dos mañanas de agosto, viernes y sábado, con entrada gratuita. Hacía el Picknic un fanzine muy simpático para difundir la programación, que siempre ofrecía pelis de calidad y de cinematografías no habituales. En esa cita compartíamos sede con otros espacios de la ciudad como la Biblioteca Central de Cantabria, la Sala Bonifaz o su propio espacio artístico de la Calle del Sol (Demolden Vídeo Project). El público asistente siempre fue discreto, el verano y la playa eran duros competidores, pero me pareció enriquecedor acogerlo.

También nos unimos a una nueva celebración que surgió en esos años y que nos venía desde Europa. Era la del Día del Cine Europeo de Arte —European Art Cinema Day—. Se realizaba en noviembre, un domingo, y consistía en un amplio abanico de iniciativas cinematográficas de los cines europeos para celebrar esa jornada. Cada uno hacía la propuesta que quería. Desde un coloquio, una programación especial, algún clásico o cine infantil hasta algo festivo como un cóctel o alguna exposición e incluso fiestas de disfraces. Un cierto galimatías de acciones unificadas por su cartelería y comunicación trabajadas desde Bruselas. Había cada año varios embajadores del evento —normalmente directores de prestigio— apoyando la acción y a los cines.

Nosotros no variábamos nuestros títulos de estreno ese día, que además casi siempre eran de cine europeo, pero invitábamos a los espectadores a una pasta o dulce al entrar al vestíbulo, dónde seguíamos cambiando al proveedor cada año. Las confiterías Muné, Sucré, Vega o María Luisa fueron algunos de los pasteleros de la ciudad en esas ocasiones, continuidad aquí de nuestras primeras celebraciones en los aniversarios. Nos sumamos en varias ediciones a esa incipiente celebración que intentaba asentarse en el calendario cultural europeo.

Otra actividad que se acogía también era en otoño y la desarrollaba la Asociación Movimiento por la Paz en Cantabria

(MPDL). Nos alquilaban la sala y organizaban una sesión de cine con interés en alguna temática social: refugiados, violencia de género, inmigración... Realizaban presentación y un coloquio posterior con algún invitado. En una ocasión se pasó el premiado documental *Frágil equilibrio* (2016) de Guillermo García López. Algún año se dio un regalo a los asistentes, que abarrotaban la sala ese día dado también la gratuidad de la oferta. Ellos hacían su propia difusión del evento e, igualmente, llevaban diez o doce ediciones con lo que estaba bastante asentada. Lo hacían en torno al Día de la Paz, el 21 de septiembre. Alguna edición se complementó con una pequeña exposición de fotografía en paneles en el vestíbulo.

Además de esas iniciativas estables, a lo largo del año siempre había alguna propuesta más. Cada año iban sucediéndose algunas colaboraciones distintas, más ocasionales. En otro momento acogimos una Muestra de Cine Árabe promovida por un acuerdo del ayuntamiento con una fundación gallega. En otra ocasión, unos documentales musicales, en otro mini ciclo durante el verano. Siempre se estaba abierto a acoger algún evento o actividad que nos enriqueciera. Así, Groucho iba algo más allá de su cartelera de estrenos europeos en la ciudad y se intentaba mostrar como un agente dinamizador cultural más en Santander.

En otra ocasión organizamos para el programa de ocio nocturno del Ayuntamiento de Santander 'La noche es joven', una jornada de cine dentro de su programación. La iniciativa venía impulsada por el técnico de Juventud y, aunque se trabajó con toda la dedicación e interés, fue un cierto fracaso. Hicimos una jornada de cine independiente americano, con dos títulos de calidad inéditos en Santander sobre el mundo adolescente, *Grandma* (2015) de Paul Weitz y *Diario de una adolescente* (2015) de Marielle Heller, pero apenas hubo asistencia. Supongo que los jovencitos de la ciudad hubieran preferido alguna de superhéroes.

EL ESCENARIO Y UNA PROGRAMACIÓN MUSICAL

Una de las novedades respecto a la etapa anterior fue la posibilidad de diversas programaciones en vivo, en el pequeño escenario de la Sala 2 realizado con las obras de reapertura. Ese era un deseo que tenía desde la inauguración del cine en 2004. En aquel momento, por la situación del proyecto, por las prisas por inaugurar, se abandonó la idea y se abrió sin él, pero diez años después se retomó y se construyó por fin.

Es un escenario discreto; un espacio detrás de la pantalla de proyección que habíamos empleado como almacén esos primeros años. Unos catorce metros cuadrados que se habilitaron con un suelo de tarima de madera, unos focos en los extremos del techo para la iluminación y una pantalla eléctrica retráctil para disponer del fondo del mismo. El resultado fue digno. No es un gran espacio escénico, pero se podían hacer varias programaciones de pequeño formato, en un estilo similar al de las películas que el cine ofrecía.

Contacté con una empresa de promoción musical que tenía experiencia en otros espacios de la ciudad, donde desde años atrás, sobre todo en salas, venía realizando programaciones. Aunque no los conocía, sus caras —eran una pareja— me eran familiares. Les gustaba mucho el cine y claro, eran asiduos de Groucho los fines de semana. Mara y Nacho se hicieron después amigos con el paso del tiempo y colaboramos en el cine durante los cinco años siguientes con una propuesta musical que ellos llamaron Cajas de Música.

Su empresa promotora era Los huesos de Portobello y conecté desde el primer momento con ellos. Programaban asiduamente en el local BNS de El Sardinero y ocasionalmente en Tantín o en el Bar Niágara. Tenían una línea de música negra en la Sala Little Bobby también. En el Cine Groucho plantearon un ciclo musical en vivo durante el otoño y comienzos del invierno. Aunque el primer año fue una programación más extensa, normalmente se ocupaban seis u ocho fechas para conciertos, de septiembre a navidad aproximadamente.

Ellos hablaban maravillas del espacio. La sala estaba en el centro y era cómoda, el sonido era limpio, el escenario tenía su encanto y el contexto del cine les pareció singular. Elegimos los lunes —flojo en espectadores del cine— como día de la semana propicio, para sustituirlo por un concierto. Y con un precio moderado por entrada, se pusieron a programar sus conciertos hacia las 21:00 de la noche.

He de decir que escuché a todos los músicos como espectador desde entonces y me pareció un lujo ofrecer allí esa actividad. No soy ningún especialista musical, pero la propuesta me encandiló desde el comienzo. Pocos intérpretes, la mayoría de las veces el cantante en solitario. Poco instrumental, generalmente una guitarra: a veces con armónica u otro instrumento. Se definía la propuesta como un formato acústico o electroacústico y sonaba de maravilla. El aislamiento del cine resultaba muy práctico para esa actividad. De hecho, casi siempre dábamos una sesión de cine en la sala 1 cuando en la 2, teníamos a la vez la propuesta musical. ¡Extraordinario!

Aunque otros usos de ese escenario eran posibles —pequeñas representaciones teatrales, monólogos, conferencias o mesas redondas—, al final nos especializamos en esa programación musical y prácticamente fue el uso exclusivo que se dio al espacio en esos años al margen del cine.

Se hicieron cinco ediciones del ciclo Cajas de Música desde el otoño de 2015 hasta el cierre por Covid en 2020. Pasaron a lo largo de esos años unos cincuenta artistas aproximadamente, desde residentes en Santander o Cantabria hasta australianos, estadounidenses y de otros confines del mundo. Repasar nombres va a ser injusto con los que olvidemos, pero solían ser artistas jóvenes, con una o dos publicaciones musicales. Otros estaban más consagrados, aunque en cierta marginalidad comercial. Algunos giraban con banda y a Groucho venían solos.

Muchos eran cantautores, artistas todos con mucho talento y a los que parecía gracioso tocar un lunes en Santander. Especialmente en un pequeño cine.

Virginia Maestro, Patricia Lázaro, Tim Easton, Chebú, Ben Salter, Andrew Combs, Nacho Álvarez, los Spanish Peasant completos —casi no cabían en el escenario—, Dako, Nuria Graham, Menhai, Fernándo Alfaro, el grupo italiano Driving Mrs Satan y un largo etcétera. Toda una propuesta de artistas en vivo en ese espacio íntimo situado en el centro de la ciudad de Santander. Un auténtico placer para los lunes de otoño e invierno a precio módico.

Esa propuesta nos abrió también a otro tipo de público que no era afín al Cine Groucho. Se veían caras nuevas, lo que era un poco nuestro objetivo y nos alegraba. Ensanchar el local, crecer, captar otros públicos. Tener algo de eco y difusión con una propuesta de calidad distinta a la cinematográfica. El Diario Montanés solía mostrar una fotografía del artista el día del concierto y la difusión fue muy acertada. Los Huesos de Portobello hicieron siempre una cartelería muy atractiva y llenaban con ella la ciudad.

No obstante, la asistencia de espectadores a esa nueva oferta musical fue igual de pobre que la cinematográfica. Teníamos tanto público esos lunes en una actividad como en otra, es decir una afluencia discreta en ambos casos. Salvo un par de veces que pudimos llenar las ochenta y seis butacas, la mayoría de los conciertos estábamos sobre las veinte o veinticinco personas más alguna invitación.

Varios años de trayectoria, exquisitez de la propuesta, amplia difusión, buena ejecución, precios asequibles... En música, igual que en cine, para tener un gran éxito todo pasa por los macro eventos festivaleros o nombres más mediáticos. El resto, a sufrir con pocos espectadores. Ellos planteaban la programación con algunos patrocinios y siempre pensamos que, dada la calidad de la propuesta, lo mejor estaría por llegar en próximas ediciones.

EL MUNDO DEL ARTE Y EL CINE GROUCHO

Ya en mi planteamiento, antes de abrir el negocio, consideraba su futuro contenido como cultural/artístico en una alta proporción. El cine de autor se sitúa hoy en la marginalidad del mercado, y está más próximo a los circuitos culturales que a los comerciales. Por ese concepto, otras manifestaciones artísticas me eran cercanas. Groucho iba a ser otra propuesta más en la ciudad, pero no alejada de galerías de arte, librerías, salas de teatro o espacios para la música en vivo.

Además, ya desde el inicio del proyecto, con el arquitecto Domingo de la Lastra y su faceta artística, esa impronta fue una evidencia. Él pintaba estilosas acuarelas y plasmó su personalidad en el espacio del cine. Sus coloristas acabados, sus curvas interiores, su sencillez de líneas, todo en la propuesta arquitectónica denotaba un estilo propio. Y, además con escasísimos recursos. Su ubicación, con ese pasaje de entrada, también nos ayudó.

Domingo hizo un entregado trabajo que incluso fue premiado algo más tarde por el Colegio de Arquitectos de Cantabria (COACAN), en su bianual convocatoria de premios colegiales, otorgándonos al arquitecto como profesional y a mí como promotor un accésit conjunto en la categoría de interiorismo. Placa que siempre figuró, a pesar de su peso, en el vestíbulo del local.

También colaboró con nosotros un diseñador gráfico de renombre, Guillermo del Pozo, que por encargo nos hizo el logo y diverso material para la señalética en todo el local, y que realzó el carácter singular del establecimiento.

Como esa era ya la característica del lugar, de la reforma y de sus futuros contenidos, quise ampliarla en alguna medida. Se encargó a un pintor canario vinculado a Camargo, José Luis Vegas, que nos hiciera un mural en una de las salas, para dar algo de vivacidad a la misma dado su triste tono —beige— de fondo. Y así, tras varias mañanas de trabajo que realizó en los días previos a la apertura, inauguramos Groucho con esa pintura artística en la Sala 2. Un colorista escorzo.

Con el paso de los años decidí que la otra sala no debía ser menos y volví a encargar esa vez a una artista joven de la ciudad, Sonia Piñeiro, que hiciese otra intervención sobre el mundo del cine en la pared de la Sala 1. Desde entonces otro mural, este figurativo, sobre una niña dormida soñando con películas, decora la otra sala y completó así el desequilibrio existente.

Hubo en los comienzos un intento de intervención que recuerdo con cierta pena. Tras la inauguración, se le encargó a otro pintor, esta vez mediante una amistad, intervenir y hacer un mural en el callejón de entrada. Era un pintor humilde y algo bohemio. Fue difícil salir de aquello. El pintor se quedaba a vivir en mi casa durante la obra, dado que era de fuera de la ciudad. La obra no avanzaba, varias semanas sin ver progresos, trabajaba el hombre muy despacio. Siempre tenía dudas: ¿voy bien? ¿cómo lo ves? ¿te gusta? Además realizarlo en el exterior dificultaba la intervención, que dependía a veces del tiempo. Un desastre que tuve que parar, pues tenía visos de no acabar nunca, expulsando al pintor, enemistándome con mi amigo que fue comprensivo y pensando en otra cosa.

Esas intervenciones artísticas en el Cine Groucho se fueron ampliando posteriormente con otras varias actividades esporádicas. Se organizaron dos ciclos de cine con la pintura como temática y en uno de ellos se realizó una muestra colectiva en el vestíbulo, en las salas, en las carteleras y en el exterior del local. Diez artistas jóvenes de la ciudad expusieron obra concebida para esa muestra y ese espacio. Fotografía, alguna instalación, óleo y obra gráfica se vieron en paralelo al ciclo.

Con una participación exclusiva de artistas locales como Equipo ACAI, Cuca Nelles, Maichak Tamanako, Juanjo Viota, Zaira Rasillo, Germán Torres, o Los Dobles (Raúl Hevia y Antonio Díaz Grande) entre otros, fue sorprendente para la mayoría

166

el original lugar: una colectiva en el interior de un cine. Se repartieron los espacios para cada artista y se dio otro pequeño impulso al Groucho con esa iniciativa que se separaba en buena medida de nuestro circuito habitual de difusión. Hubo un cuidado material gráfico diseñado por Mariola Moreno para la ocasión.

Ya unos años después, con la reapertura en 2015 y tras ganar unos metros en el vestíbulo para que acogiese obra, se intentó que fuese sede de una actividad expositiva continuada. Como ya se ha dicho hablamos con María San Segundo, de la cercana Galería Acuarela, que casualmente acababa de trasladar su negocio de un local a otro y había perdido su encantador espacio expositivo. Le ofrecimos nuestro vestíbulo como sustituto para que lo dirigiese.

Ella gestionó la propuesta expositiva de nuestra reapertura en ese año 2015/2016 pero no tuvimos éxito con la idea. El espacio era un cine, con su tiempo reducido de paso por el vestíbulo y las prisas del espectador por ir a su butaca tras entrar. Fue difícil diferenciar ambas actividades y, al final, la gente no prestaba ninguna atención a la obra expuesta. María, además, estaba bastante atareada con su nuevo comercio y entre lo uno y lo otro, y aunque se buscó a otra colaboradora para que lo impulsara nuevamente, el asunto siguió sin salir bien. No digo ya rentable, sino mínimamente atractivo para el público, hasta que se dejó de hacer.

Apenas pasaron diez o doce artistas por el espacio. Nombres del arte local como Miguel Ángel Leston o Stephen Snell entre otros. Unos veinte días estuvo expuesta la obra de cada uno. Un vermut a mediodía inauguraba cada exposición los domingos. Al final lo acababa organizando yo. Otro marrón más a la espalda. Cero ventas y muchos roces con esos usos respecto al cine: ruidos al montar las obras, luces a destiempo en el vestíbulo, espectadores fuera de las horas entre sesiones. En fin, la actividad estaba llena de inconvenientes. Quedó una obra en el cine del pintor santanderino Francisco Díaz, que inauguró esas exposiciones, titulada *Cabeza del espectador*, una instalación que hizo expresamente para esa muestra y que luego se destinó a decorar una de las salas, donde ha estado hasta hoy.

Una segunda iniciativa impulsó María, esta vez en verano y en nuestro callejón de entrada. Era un mercado de artistas al aire libre. Lo llamó Concordiarte, por la antigua denominación de la Calle Cisneros como Calle de la Concordia, y la pena fue que solo tuvo dos ediciones. Le ocupaba bastante tiempo prepararlo, no tuvo apoyo institucional y acabó desistiendo. Pero fue una propuesta alegre que llamó la atención. Se organizaban en nuestro espacio de entrada, entre diez de la mañana y dos de la tarde, una serie de puestos de venta con artistas de todo tipo, desde los que ofrecían pañuelos de seda pintados hasta pequeñas esculturas o vidrios coloristas pasando por acuarelas y óleos de varios estilos. Todas ellas de personas vinculadas a su comercio cercano. María establecía los criterios de calidad para estar presente y tuvo mucha animación en ambas ediciones. Una de ellas se complementó con el pase de un cortometraje en una sala y la otra con un monólogo teatral, ambos sobre el mundo de la creación.

Y aunque fuese una exposición más potente desde el punto de vista de los artistas y de la empresa organizadora, la Galería Siboney, al celebrar su XXV aniversario, nos pidió una colaboración para instalar en nuestro vestíbulo parte de su muestra conmemorativa 'La sonrisa del espectador', tuvo discreto éxito de público también. Se realizó en 2010 y estuvo comisariada por Lidia Gil, gestora local vinculada a múltiples facetas culturales. La verdad es que fue muy atractiva la propuesta. Juan Riancho montó la muestra en un plis plas. Rafa Riancho la fotografió estilosamente. Y allí que se difundió esa nueva colectiva en nuestro vestíbulo, como complemento a la de su sede principal en la Calle Castelar. Serzo, Andrés Rábago, Damián Flores, José Gallego, Pejac, Manuel F. Saro, Martín Godoy o Gómez Bueno fueron los pujantes artistas que expusieron entonces.

168

Aunque ha habido alguna propuesta más en esos años, generalmente complementaria de algún ciclo de cine, o algún artista individual en el vestíbulo, destacaré otra intervención en el propio cine, esta vez la del segundo arquitecto del local, Javier Terán, que, con la reforma para la reapertura, realizó una instalación de nuestro nombre con tubos de metal, en el callejón de entrada, muy en su estilo de materiales y diseño y que incorporamos a nuestro entorno.

Por último y aunque no sea estrictamente nuestra, el Festival de Arte Urbano Desvelarte, en su edición de 2020, realizó una intervención en la Calle Cervantes, obra del artista Adri Santiago, que de carambola dignifica una de las salidas del cine ya que su visión es perfecta desde nuestro callejón.

El mundo del arte en simbiosis durante esos años con el cine que Groucho proponía continuamente.

LOS QUE SE FUERON SIN PAGAR: FICARQ

Ya hemos comentado la importancia que otorgaba en el cine a otros contenidos distintos a los estrenos comerciales. He pasado largas temporadas expectante respecto a propuestas que pudieran llegarme de otros agentes culturales e incluso de alguna institución. La realidad es que eso sucedió en muy pocas ocasiones. Generalmente, los proyectos que han surgido en Groucho los emprendía yo. Desde los ciclos de cine de los primeros años hasta las celebraciones como las del Día de Europa las iniciaba yo, aunque luego otros las apoyasen y financiasen. La idea de una programación musical en esos últimos años también se la propuse a Mara y Nacho. Incluso había criticado abiertamente la inacción de la Filmoteca de Cantabria en ese terreno dado que la ciudad de Santander no tenía ninguna iniciativa pública que ayudase a empresas pequeñas, como un festival de cine u otras, a lo largo del año.

Por esas circunstancias, me sentía un poco obligado cuando me ofrecían algún proyecto para el cine. Había reclamado tantas veces ese aspecto que no podía rechazarlos cuando se me proponían. Pero siempre y cuando las propuestas encajasen. No valía cualquier cosa. Los contenidos de Groucho estaban marcados y las iniciativas de otros deberían enriquecer a la sala. Tenían que gustarme. Si el concepto o la idea a desarrollar no parecía válida, se desestimaba. Los recursos eran importantes, pero siempre dentro de la línea de contenidos de Groucho.

Así fue en el caso del FICARQ (Festival de Cine y Arquitectura). Sus gerentes y, sobre todo, su directora y promotora, Ana Muriel, me hicieron una visita para que el Groucho fuese una de las sedes de su festival anual. Era la IV edición y se iba a celebrar por primera vez en Santander en junio de 2016. Antes ya habían realizado tres ediciones en Asturias (Avilés primero en dos ocasiones y Oviedo después). Estaban en un proceso de consolidación de su idea de festival y lo iban a trasladar a la ciudad.

La verdad es que esa propuesta que conjugaba cine y arquitectura siempre me pareció muy interesante. Sumaba actividades paralelas a los varios ciclos de películas programadas. Habría una sucesión de conferencias en la sede del Colegio de Arquitectos de Cantabria que también colaboraba en el festival. Alguna exposición complementaba la programación y se celebrarían varias actividades sociales y galas en distintas infraestructuras de Santander. Así que decidí participar y aunque en Groucho apenas se pasaron seis títulos durante dos días de uno de sus ciclos, se colaboró con el festival y estuvimos conjuntamente en esa iniciativa en la ciudad.

En esa ocasión, la empresa organizadora era de fuera. No tenía estructura en Santander. No estaba muy imbricada en el tejido cultural local. Esa situación suele acarrear problemas de todo tipo para asentarse como una programación estable en el calendario anual de la ciudad. La organización del FICARQ tuvo entre otros ese problema de gestión.

En el caso de Groucho, hubo una factura que cobrar ese primer año. «Ya pagaremos», «no te preocupes», «nos vemos» ... Como el importe no era excesivo no se le dio mayor importancia hasta que al año siguiente, a finales de la primavera, volvieron a visitarme con la intención de realizar la siguiente edición en fechas similares. Y, esa vez sí, con la urgencia de necesitar las salas del Cine Groucho como indispensables para su propuesta.

Habían tenido problemas con las instituciones autonómicas para disponer de un lugar como sede: diferentes expectativas, roces y desavenencias; y necesitaban un cine con tecnología digital. Groucho era uno de los pocos cines posibles. Casi me lo suplicaron en un café cercano donde, abrumado por la responsabilidad de que la edición no se celebrase y presionado por un grupito de personas de la organización, les dije que sí, que contasen con Groucho para su propuesta. Liquidaron aquella factura pendiente del año anterior, estrechamos relaciones y tan contentos.

Dentro del mundo del cine y entre los muchos festivales que se realizaban por España a lo largo del año, era muy original esa propuesta que unía arquitectura y cine. Los contenidos estaban bien estructurados. Es un festival temático, pero con calidad. Publiqué incluso en esos días, para mostrar mi apoyo, un par de columnas en la prensa local hablando de la iniciativa y considerándola merecedora de recursos públicos.

Y así se celebró durante algunos días con varios ciclos y actividades, la V edición del FICARQ, en el mes de junio de 2017. Groucho fue una de las sedes, la más importante en cuanto al visionado de películas. Cinco días casi completos ofreciendo la programación del festival. El foco de los debates estuvo esa edición en la dirección artística con varias mesas redondas de profesionales invitados.

Hubo proyecciones también en la sala que tenía la Universidad de Cantabria en la Escuela de Náutica. El ayuntamiento de la ciudad les apoyó junto con otros organismos, sobre todo el Colegio de Arquitectos de Cantabria, en cuyo local de la calle Los Aguayos ubicaron sus oficinas y donde celebraron debates y conferencias durante esos días.

Sin profundizar en la programación del festival y complementando sus secciones oficiales de ficción y documental a concurso, en Groucho se pasó en homenaje a Jacques Tati, celebrando los cincuenta años de su estreno, *Playtime* (1967). También le dedicó el festival esa edición junto a una exposición sobre paisaje y arquitectura de ese país, un ciclo al cine noruego, con algunas películas interesantes como *La ola* (2013) de Roar Uthaung o *1001 Gram* (2010) de Bent Hamer, autores contemporáneos potentes.

Se exhibieron también en otra de sus secciones la brasileña *Doña Clara* (2016), magnífica obra sobre un vecindario en Recife, del director Kleber Mendoza con la estupenda Sonia Braga que no quiere vender su propiedad. Y también la extraordinaria *Victoria* (2015) del director alemán Sebastian Schipper, ésta en un fantástico plano secuencia de más de dos horas en el barrio berlinés de Kreuzberg con Laia Costa tratando de regresar a casa por la noche. Películas ambas inéditas en su estreno en Santander meses atrás.

Hubo mala suerte una tarde cuando, intentando montar operarios del festival un panel anunciador del evento en la entrada al callejón, me rompieron el neón de Groucho. «No te preocupes», «lo cubre la organización», «tenemos un seguro», «es cuestión de unos días su reparación», me dijeron.

Terminó el festival. Fueron días intensos de programaciones, conferencias y mesas redondas. Visitantes, exposiciones, una actividad constante en todas las sedes. Galas de inauguración y clausura en el elegante Palacio de la Magdalena. Muchos invitados y premios varios. Ana Muriel y su equipo estaban descontentos con la colaboración institucional de esa edición, no había buena sintonía con los políticos. Se notaba desde antes del comienzo. Se auguraba dificultad para siguientes ediciones.

Por mi parte, cumplimos con lo acordado, se cedieron las salas para las programaciones, el personal de Groucho atendió las proyecciones. Se ayudó también en la comunicación, se acogió la actividad con interés. Y al final de la edición, se fueron y no volvieron, ni a mi sala, ni a la ciudad, ni a reparar el neón roto, ni a pagar la factura pendiente. Se fueron sin pagar.

SEGUIMOS DISFRUTANDO CON LOS DIRECTORES

La cartelera de Groucho en esos años ha continuado siendo un inacabable listado de cineastas de culto que estrenaban título. Es imposible resumir en un capítulo la diversidad y riqueza del cine que se ha ofrecido todos los años, pero aventuramos unos cuantos nombres.

Tuvimos en la sala creo que la primera película en estrenarse comercialmente en España del mexicano Michel Franco, *Las hijas de Abril* (2017). Protagonizada por una obsesiva Emma Suárez ejerciendo el papel de madre y enamorándose del novio de su hija en la ficción. Película desasosegante, como todas las del director, que te deja pegado a la butaca por su contundencia. En las últimas temporadas se pasó también *Sundown* (2021) con Tim Roth y Charlotte Gainsboug, con todas las características de su estilo igualmente. Un cineasta que afronta situaciones límite en sus historias. Cine que no se olvida.

Otro director que ha ido consagrándose con el estreno de sus películas es el griego Yorgos Lanthimos, del que tuvimos ocasión de exhibir dos títulos: *Langosta* (2015) y *El sacrificio de un ciervo sagrado* (2017). Cierto acercamiento al género fantástico de éste y otros directores hacía que no fuese frecuente ofrecerlos en Groucho. Con Lanthimos, se hicieron excepciones, dada su calidad. Atmósfera subyugante y puesta en escena muy potente en esta última cinta. Un autor con mayúsculas. Collin Farrel y Nicole Kidman protagonizan esta fría tragedia que obtuvo el premio al mejor guion en el Festival de Cannes.

Siempre había cabida para el buen cine independiente norteamericano en las salas a lo largo del año. En este sentido, no había mejor autor que Jim Jarmusch, de quien tuvimos la suerte de estrenar *Paterson* (2016), una historia sobre un conductor de autobús que escribe poesía. Película intimista sobre el proceso creativo, sencilla y romántica, protagonizada por Adam Driver.

Otra cineasta habitual en nuestra cartelera era la directora francesa Mia Hansen-Love, de quien ofrecimos *El porvenir* (2016). Con lsabelle Huppert de protagonista, nos muestra a una profesora de filosofía que afronta imprevistamente un divorcio. Una naturalidad apabullante en la narración que, con sencillez, nos encamina a las profundidades abiertas de la mente. Se ofrecieron también de la directora, que siempre nos atrapaba con su dulzura, *Un amor de juventud* (2011) y *Maya* (2018).

Y una buena representación del cine de autor que hemos pasado todos estos años proviene también del cine rumano. Aludimos aquí a *Sierranevada* (2016) de Cristi Puiu. Una película impresionante sobre la familia, con un piso como un elemento más de la trama. Procedente de la nueva ola rumana, es uno de los autores que de este país hemos tenido en cartelera. Asombrosa la capacidad de desgranar problemáticas sociales de estos cineastas rumanos.

Y de nuevo buen cine español. En este caso se trató siempre con cariño a un cineasta joven que estaba asentándose con sus historias personales. Es Jonás Trueba y, aunque *La virgen de agosto* (2019) fue su película más abierta por su distribución, ya desde su debut intentamos ofrecérselo a nuestros espectadores. *Todas las canciones hablan de mí* (2010), con Barbara Lennie, *La reconquista* (2016) y *Quién lo impide* (2021), fueron títulos que pasamos en Groucho. Este autor tenía al público generalmente muy reacio a su cine, no sé muy bien el porqué. Desde luego, razones ajenas a su calidad, que era extraordinaria. Siempre con humor, con amor, con música y con las personas en primer plano. El homenaje a Madrid en agosto, con Itxaso Arana protagonizándolo, fue estupendo y nos agradaba ver a jóvenes que se divierten pero que leen, oyen música en vivo, van a ver cine de autor y exposiciones. Un placer ofrecérselo al público.

Uno de los cineastas consagrados más importantes para Groucho en estos años ha sido el francés Francois Ozon. Era un habitual y cada año solíamos pasar su cine. Uno de sus estrenos fue *Gracias a Dios* (2018), una historia basada en el hecho real de un sacerdote de la diócesis de Lyon y los abusos sexuales por los que fue denunciado y acusado años después. Cine comprometido y valiente. Es Ozon un cineasta muy especial desde su debut. En Groucho hemos ofrecido casi todo su cine de esos años: *5x2 (cinco veces dos)* (2004), *El tiempo que queda* (2005}, *Ricky* (2009), *El refugio* (2010), *En la casa* (2012), *Joven y bonita* (2013), *Frantz* (2016), *El amante doble* (2017), *Verano del 85* (2020), y las últimas *Peter von Kant* (2022) y *Mi crimen* (2023). Cineasta que cambiaba de género habitualmente, y con una especial sensibilidad. Un indispensable.

Y en este repaso al cine en Groucho voy a destacar una película que no era habitual en nuestra cartelera. Hay una serie de géneros que nuestros proveedores nos ofrecían menos. Uno de ellos es el bélico. Ocurría igual con el fantástico, el musical o el western, con lo que pasábamos este tipo de cine ocasionalmente. Tuvimos *El capitán* (2017), película alemana del director Robert Schwenthe, en un despampanante blanco y negro, sobre un soldado nazi que, al final de la guerra, encuentra en un accidente ajeno un uniforme de capitán, se lo coloca y se trasforma todo a su alrededor. Película contundente sobre el ejército nazi y su desbandada al final del conflicto. Una novedosa visión y una de nuestras recomendaciones especiales.

Otro de los directores representativos en esos años del cine de autor oriental es el surcoreano Hong Sang-Soo que, a través de su presencia en festivales ha conseguido ir haciéndose un nombre en nuestro país. Ofrecimos cinco de sus películas: *En otro país* (2012), *La cámara de Claire* (2017), *Delante de ti* (2021), *En lo alto* (2022) y *La novelista y su película* (2022). Un cine muy lúdico el de este gran director, en ocasiones con su actriz fetiche Kim Min-Hee. Siempre con la conversación a vueltas. Retrata como pocos la vida íntima de las personas y sus relaciones sentimentales. Un cine de bajo presupuesto, a veces mínimo, pero de alta calidad. Un imprescindible autor que solía tener película cada año, incluso a veces más de una.

Otro de los cineastas que han irrumpido con fuerza en estos últimos años ha sido el colombiano Ciro Guerra, de quien hemos ofrecido sus últimas dos películas: *El abrazo de la serpiente* (2015) y *Pájaros de verano* (2018). Cineasta muy premiado con ambos títulos, realiza un cine con un componente fantástico mostrando la Amazonía en una y la Guajira en la otra, su pasado y sus tradiciones. Cine del territorio y vinculado a culturas ancestrales de su población. Una propuesta artística interesante más que llegó a nuestra cartelera. Con éxito de público, además.

Un estilo de cine que nos gustó ofrecer es el de corte naturalista. Vamos a destacar una película española de esos años, *Los amores cobardes* (2017), de una debutante: la gaditana Carmen Blanco. Sintetizamos en esta las muchas buenas películas españolas que llegaban a ofrecernos desde distribuidoras especializadas en ello: Begin again, Elamedia o Con un pack distribución. Es un cine que apenas llega a estrenarse, pero de innegable fuerza. La cinta refleja la historia de una joven que vuelve en vacaciones a su ciudad, Málaga, y se reencuentra con familiares y amigos. Sencillez en las formas, bajo presupuesto, pero sensibilidad a raudales enfrentando emociones. La joven Blanca Parés protagoniza la peli. Un gusto de cine.

Y uno de los directores consagrados más importantes para Groucho es el ruso Andréi Zviaguintsev, de quien dimos varias de sus películas: *Elena* (2011), *Leviatan* (2014) y *Sin amor* (2017). Con esta última obtuvo el Premio Especial del Jurado en Cannes ese año y nos resulta paradigmática de todo su cine. Analiza en ella con distanciamiento y cierta frialdad, la separación de un matrimonio en la actualidad con un niño en medio del conflicto. Tiene su cine un punto de terror en los acontecimientos diarios que te deja atónito. Un verdadero maestro que nos llega del frio.

Y, como digo, todos los años hacíamos sitio con varias pelis al cine independiente de los EE.UU, si se nos ofrecía. Voy a destacar una que me impactó: *The Florida proyect* (2017), dirigida por Sean Baker y que tuvo una candidatura al óscar por la presencia de William Dafoe actuando como portero de una finca donde se alojan una madre y su hijo llenos de dificultades para salir adelante. Muestra la peli el otro lado del bienestar americano y lo hace cerca de Disneyworld, gran paradoja. Una estética deslumbrante y un humanismo a raudales en una de mis favoritas en aquellos meses.

Nuevamente de oriente, tuvimos el placer de estrenar varios años las películas del gran director chino Jia Zhangke, que era otro de los habitualmente premiados en festivales importantes. Hicimos *Naturaleza muerta* (2006), *Mas allá de las montañas* (2015) y *La ceniza es el blanco más puro* (2018), y siempre disfrutamos de su estética preciosista. En esta última llegó al paroxismo rodando cada uno de los tres periodos de la narración en un formato distinto (cuadrado, panorámico y scope). Un autor que siempre nos mostró con épica los cambios que experimentó la sociedad china en las últimas décadas. Cine a menudo tormentoso, con amor, con dolor, con vida. Otro de nuestros favoritos.

Y aunque cuando inauguramos Groucho el movimiento Dogma ya estaba superado, varios de sus máximos exponentes han seguido siendo una referencia en el cine que se hacía en Europa. Vamos a resaltar aquí a Thomas Vinterberg de quien pasamos varios títulos de estreno: *Querida Wendy* (2005), *La comuna* (2016) y *La caza* (2012), con Mads Mikkelsen de protagonista, que ya venía de ser premiado en Cannes como actor esa edición, viendo cómo se desmorona su vida de profesor en una pequeña localidad danesa. Vinterberg refleja muy bien la tensión del drama íntimo que nos muestra. Otro buen ejemplo del magnífico cine de los países nórdicos.

De Latinoamérica, esta vez de Costa Rica, voy a destacar un título que ofrecimos por entonces y que me pareció muy atractivo. Se trata de la película *Viaje* (2015) dirigida por Paz Fábrega. Una historia sobre el amor en la edad joven, los protagonistas son estudiantes universitarios y ocurre en el entorno de un parque natural, en el volcán Rincón de la vieja. Una de tantas pelis pequeñas, de un luminoso blanco y negro, muy atractivas para los jóvenes que no son quienes las ven en Groucho. Suma sencillez en una propuesta desinhibida que de vez en cuando ofrecíamos.

Otra cineasta presente en nuestras carteleras en varias ocasiones es la japonesa Naomi Kawase. Autora de tono poético que ha sido premiada varias veces en Cannes. Se ofrecieron *Hacia la luz* (2017), *Viaje a Nara* (2018) y *Una pastelería en Tokio* (2015). Esta última fue su película más comercial, aunque manteniéndose siempre fiel a su estilo delicado y calmado. Película de personajes que se reivindican y con la cocina de por medio. Sin ninguna estridencia, sin alzar la voz, Kawase es una interesante cineasta que nos gustó ofrecer.

Dentro de la oferta regular de Groucho siempre había productos más artísticos a destacar. Tenían más dificultad en su estreno en Santander, pero nos gustaba incorporar cineastas importantes nada comerciales. Este fue el caso de Roy Anderson, de quien tuvimos ocasión de estrenar *Sobre lo infinito* (2019). Son una serie de historias sobre las personas y los diferentes momentos de la vida a modo de tableau vivant. Es impresionante la puesta en escena de este cineasta, sus colores y sus personajes. Ya habíamos ofrecido en un ciclo de cine europeo su anterior *La comedia de la vida* (2007), así que conocíamos su estilo.

No podíamos dejar aparte en este breve repaso a uno de los cineastas más importantes que abordan los temas sociales en su cine. Se trata de Ken Loach y, aunque lleva haciendo buen cine cuarenta años, en Groucho hemos podido exhibir alguna de sus películas. Recuerdo *Buscando a Eric* (2009), con el futbolista Cantona; *Yo, Daniel Blake* (2016) que ganó la Palma de Oro en Cannes o *Sorry, we missed you* (2019). Todas sobre temas laborales y empatizando, a veces haciendo alguna trampa, con las dificultades de los trabajadores y sus injusticias. Cine extraordinariamente efectivo, con mensaje de crítica directa al capitalismo reinante y al deshumanizado mercado. Películas ambas últimas ambientadas en Newcastle, de uno de los más prestigiosos cineastas actuales. Y ya al final de este periodo ofrecimos la que decían sería su película testimonial *The Old Oak* (2023) por realizarla con ochenta y siete años, donde incidía con su bisturí en la inmigración que sufría Inglaterra. Magistral.

Y vamos a concluir este sucinto capítulo haciendo hincapié una vez más en nuestra cinematografía, que es riquísima desde mi punto de vista. Una excelente película voy a resaltar: *María (y los demás)* (2016) de la novel directora barcelonesa Nely Reguera. Con Bárbara Lennie como protagonista de nuevo, en un reencuentro familiar que se adentra en las relaciones entre sus miembros. Sencillez narrativa, ternura y humor son adjetivos que la definen. Tiene unos estupendos secundarios, como es frecuente en nuestra cinematografía. Una película más de bajo presupuesto y gran profundidad

ALGUNOS MOVIMIENTOS EN LAS SALAS ESPAÑOLAS CERCANOS A GROUCHO

En los años trascurridos desde la apertura de Groucho, en 2004, el sector de las salas algo había evolucionado. No en la línea nuestra, sino todo lo contrario. Continuaron desapareciendo cines históricos de todas las ciudades, algunos transformándose en tiendas, otros en gimnasios y demás iniciativas empresariales más rentables y, muchos, simplemente cerrando y siendo abandonados.

Todo lo que se inauguraba en el sector estaba unificado por los criterios ya comentados: centro comercial, extrarradio, aparcamientos, multisalas, butacas extensibles, sonido envolvente, espacios de sala en grada, conexiones wifi, chuches y todo tipo de snacks para comer y beber. Todos aspectos no relacionados con la calidad del cine sino con su forma de consumo. Decenas de propuestas unificaron el sector de las salas de cine en esos años en el país.

En ese contexto era difícil encontrar otras iniciativas que, como Groucho, pusieran su foco en la programación. Fueron muy pocas las que surgieron en España en medio de la avalancha consumista del extrarradio. Se contaban con los dedos de una mano.

Hubo una muy interesante que apareció en Santiago de Compostela (La Coruña) bajo el paraguas de un grupo cooperativo. Se llama Numax y situaron sus instalaciones en el centro de la ciudad. Digo instalaciones porque es una iniciativa con varias áreas de trabajo. De un lado, una sala de cine de reducidas dimensiones —sesenta y nueve butacas— y las oficinas de una pequeña distribuidora de cine independiente con dos/tres títulos cada año. Junto a ambas, una librería pared con pared con la sala de cine. Y, por último, un laboratorio de artes gráficas, publicidad y diseño. Así que era una propuesta compleja puesta en marcha por once cooperativistas, amigos que eran todos ellos.

En pocos años hicieron mucho ruido en la ciudad y en el sector y fueron prosperando en su trayectoria. Habían abierto en 2015. Conocí a uno de sus socios en varias reuniones del sector. Se llama Ramiro y conectamos bien por lo peculiar de su iniciativa y las semejanzas con Groucho. Ramiro llevaba la distribuidora y yo intentaba ofrecer su cine en Groucho, aunque siempre era muy artístico y de difícil encaje en su estreno comercial para una ciudad pequeña como Santander. Después de coincidir en varias ocasiones e invitarme a una visita, me animé a desplazarme desde Santander para conocer la sala en Santiago y el resto de propuestas.

Hubo también por entonces (2017) una nueva apertura en Lugo, donde un empresario musical había reformado las antiguas salas de cine de Yelmo en otra propuesta extraordinaria de estudios de grabación, espacio para actuaciones musicales, etc. Y dos salas de cine que readaptó de las anteriores para el mercado de estreno. El encargado, José Luis, se mostró abierto a una visita al llamarle. Y allí que me fui a ver de una tacada ambos lugares, haciendo noche en Santiago. Las salas lucenses se llamaban Codex.

Fue una escapada rápida, apenas unas horas en Lugo por la tarde tomando un café con su responsable de programación y visitando las instalaciones que estaban parcialmente en obras. Las dos salas de cine ya abiertas al público, pero el espacio musical aún no. Una propuesta magnifica para una ciudad pequeña que tenla casi imposible subsistir si no fuese porque la empresa tenía otras áreas de trabajo que tirarían del negocio. Dos salas de cien y ciento cincuenta butacas, con solo cine de autor y versiones originales en su programación de estreno era para una ciudad como Lugo algo inviable por sí solo desde el ámbito privado, a mi entender. Pero me gustó mucho conocerlo e identificarme con ellos.

Ese viaje lo realicé con mi amigo Pedro, que se animó a acompañarme. Visitamos la impresionante muralla por la mañana y sólo por ese paseo ya hubiera merecido la pena los mil kilómetros que nos hicimos en esos dos días con mi utilitario. Tras la tarde en Codex carretera hacia Santiago para tomar un vino y picar algo con Ramiro allí y charlar sobre cine y más cine. Muy divertido todo. Las instalaciones de Numax las vimos en la mañana siguiente dónde habíamos quedado tras tomarnos un gin tonic y pasar la noche en un céntrico hotel, a las diez de la mañana.

Se trataba de una discreta sala de cine, coqueta pero que tenía niveles de frecuentación muy altos en sus primeros años —treinta y cuatro mil espectadores—, según su gerente. No podía exprimirse más todo. Desde la programación, con cuatro/cinco títulos a la semana en la sala, con cinco sesiones diarias de cine —matinal inclusive— hasta el local con oficinas, laboratorio creativo, sala de proyección, librería y demás en apenas trescientos metros cuadrados. La razón de esa explotación se debía a ese gran equipo detrás y me gustó mucho la idea, totalmente diferente a mi situación, donde estaba con Groucho más solo que la una.

Muy contento por las visitas, volvimos Pedro y yo diligentemente a Santander para abrir Groucho por la tarde a eso de las cinco, así que apenas paramos a comer un tentempié en la carretera. Todo muy rápido pero muy positivo para comprobar algunas novedades con similar idea a Groucho que se habían incorporado al sector de las salas en España.

Otra idea que se implantaba en varias ciudades por entonces era la gestión asociativa en salas que cerraron los años anteriores. Hubo unos cuantos movimientos en esa línea en todo el país. Algunos llegaron a buen puerto y otros no. Creo que las pioneras estuvieron en Cataluña, donde hubo dos o tres iniciativas ciudadanas en los alrededores de Barcelona que fueron hacia adelante. Cine Baix, en Sant Feliú de Llobregat, es un ejemplo que se consolidó. Entre los intentos que no cuajaron se encontraba Zaragoza, donde un local gestionado anteriormente por Renoir fue imposible de abrir, dado lo complejo del asunto en general.

En los años de la digitalización del sector fue Palma de Mallorca —cuatro salas y unas quinientas butacas— y después Majadahonda (Madrid), —cuatro salas también con cuatrocientas setenta butacas en total— donde se asentaron sendas iniciativas ciudadanas. Ambas en anteriores complejos explotados igualmente por la cadena Renoir. Cineciutat y Zoco son sus denominaciones y aunque las características de ellas varían algo de una a otra, en general eran movimientos ciudadanos con estatutos asociativos y cuotas anuales de sus socios para subsistir. Algunos apoyos públicos y, una vez abiertas, la rentabilidad de las propias salas hace viables esas propuestas que persiguen ofrecer mayoritariamente, cine de calidad en sus centros urbanos. Todas tienen un grupo de voluntarios detrás que colaboran en la sala e intentan ir siempre algo más allá de la idea de exhibir cine, organizando variadas actividades culturales.

En paralelo al surgimiento de esas iniciativas hubo en el sector, dado el arrinconamiento en que estaban las salas de cine de autor en general, un intento de asociarse las propias salas. Se llamó Cine Arte y pretendía agrupar a todos esos cines e infraestructuras que había en España en distintas ciudades, gestionadas de formas variadas —a la gestión privada se incorporó todo ese mundo asociativo—. Tuvo su impulso desde Palma de Mallorca con Pedro Barbadillo y Javier Pachón como cabezas visibles. Fue cuajando la idea en reuniones en paralelo a diversos festivales de cine donde se juntaban los exhibidores. Pero apenas tuvo éxito la iniciativa.

Tras varios años y muchas discusiones sobre el modelo a seguir y quiénes formarían parte de él y quiénes no, fue perdiendo fuerza y terminó por desaparecer. Apenas veinte socios se llegaron a unir en la propuesta para unificar a ese tipo de cines en España. No fue posible llegar a más. No quedaban casi salas, y las pocas con programación de calidad intentaban subsistir con productos más comerciales con lo que chocaba su idea de exhibición con el fondo de Cine Arte, que pretendía ser la unión de cines de arte y ensayo. Nunca se llegaron a pagar las cuotas con regularidad y la asociación y sus gerentes terminaron por desistir. Hay que decir que bastantes países europeos poseían una asociación de ese tipo con cierta fuerza. Francia, Alemania, Italia, Gran Bretaña y otros tenían una parte de sus cines concienciados y unidos en esa línea de exhibición. En España fue imposible en aquellos años ponerla en marcha.

Esa situación era paradigmática de lo roto que estaba el sector de salas de cine de autor por entonces. Una desbandada absoluta del mismo se estaba produciendo. Sólo movimientos de resistencia a nivel particular, muy aislados unos de otros o los nombrados asociativos eran insuficientes para engarzar un sector que u optaba por una vía muy comercial o por el cierre desde hacía un tiempo y sin remisión.

Otra iniciativa muy destacable en esos años fue la apertura de la barcelonesa Sala Zumzeigt que puso en marcha el empresario Esteban Bernatas en el barrio de Sants. Una sala de reducidas dimensiones, también de setenta butacas nada más, con un diseño de última generación en cuanto a tecnología y sonido. Se complementaba con un bistró muy simpático en el local que intentaba concitar el interés del público hacia su oferta cinematográfica de carácter independiente. Inauguró en 2013.

Me planteé hacer una visita a ese espacio, dado su carácter atractivo. El entorno de Barcelona me resultaba algo lejano en cuanto a salas de cine y no había tenido ocasión de visitar los cines de la ciudad. Pero apenas me dio tiempo a planteármelo, la propuesta no tuvo mucha suerte y siempre con problemas para subsistir, cerró transcurrido solo un año y medio desde su apertura. Una pena. El empresario tenía distintas ideas —también distribuyó alguna película de corte independiente— y su estabilidad no fue posible. Ocurrió aquí que tras varios años cerrado el local, otro colectivo asociativo se hizo cargo del mismo y así se está gestionando el Zumzeigt desde 2016. Se unió a ese circuito reducido de salas asociativas.

Era tan grande el daño que acarreaba este sector, con cierres generalizados tras el cambio de tipo de IVA que se produjo en 2012 y la digitalización obligada y sus costes, que incluso las instituciones públicas se plantearon en varias ciudades intervenir para salvar alguno de sus históricos cines. Ayuntamientos y comunidades autónomas se hacían cargo de infraestructuras privadas que estaban obsoletas o abandonadas para revertir en algo esa tendencia del mercado hacia la deserción del centro urbano y de la exhibición de cine de autor en general.

Algunos cines se convirtieron en sedes de filmotecas autonómicas como el antiguo Cine Salzillo en Murcia —Filmoteca Regional de Murcia, Paco Rabal— con la inauguración de dos estupendas salas y sus oficinas. Málaga fue pionera en ese aspecto y con el Festival de Cine Español y su ayuntamiento detrás, adquirieron y rehabilitaron el emblemático Cine Albéniz para ser luego sede del mismo y para consolidar una oferta urbana de cine de autor y en versión original con continuidad en la ciudad. Un histórico cine de cuatro pantallas y algo más de setecientas butacas en el corazón urbano que desde 2010 se unió a ese sector de salas que operan bajo esas características en España.

Ya era público por entonces un antiguo cine de ese tipo que existía en Gerona, la Sala Truffaut; cine de pantalla única en su casco histórico que el ayuntamiento rescató de su agonía e incorporó a esa red de salas de autor que como vamos repasando existían por España. Esa sala sí tuve la oportunidad de conocerla años atrás cuando, en unas vacaciones por aquella provincia con Elena, la visitamos. Nos hizo gracia su callejón de entrada en ligera curva y con mucho encanto, como escondido, un espacio con un aire cercano a Groucho y que por entonces estaba algo degradado. También el interior de ciento cuarenta butacas era especial. Se remodeló con posterioridad por parte del ayuntamiento y se actualizó para su explotación. La sala tenía un aire artístico destacable. Me gustó muchísimo en aquel momento. Desde hace años la gestiona un colectivo ciudadano igualmente.

Debo referenciar aquí un intento singular de potenciar el sector de las salas urbanas. Lo protagonizó el cineasta Ventura Pons que, en Barcelona, en el corazón del barrio de Gracia, reacondicionó los antiguos Cines Lauren y propuso en sus Texas una programación de reestrenos a precios moderados. Fue una iniciativa muy exitosa, pues programaba los estrenos de distribuidoras de carácter independiente y de otras más grandes, apenas trascurridas unas semanas desde su desaparición de las carteleras de estreno comercial cercanas. Ante un precio muy competitivo, el público respondió con buena asistencia a esa iniciativa céntrica en Barcelona, que con posterioridad llevó el cineasta a la ciudad de Valencia en una segunda experiencia. Allí llamó Alba Texas a las salas y en ambos espacios acometió para su reapertura el cambio a la tecnología digital.

Fue una idea novedosa y supuso una cierta guerra con los otros exhibidores de las dos ciudades que no querían que se reestrenasen esos títulos a ese precio en fechas tan cercanas a su fin de explotación en sus salas de estreno. Un año es el tiempo que la ley indica para esa ventana diferente de explotación de las películas y los Texas no lo cumplían. Por supuesto con la connivencia de las distribuidoras que le proporcionaban ese material. Tras ciertos enfrentamientos, poco a poco se fueron respetando los tiempos y el éxito de los primeros meses de esos cines pasó a ser historia. Las salas de Valencia no prosperaron y las Texas de Barcelona continuaron hasta cerrar junto al resto del sector por la pandemia. Pero ese movimiento de Ventura Pons con las nuevas salas agitó en cierta manera el consumo de cine de estreno en ambas ciudades.

Señalar por último la apertura en Madrid de la Sala Berlanga, en la calle Andrés Mellado, en el barrio de Chamberí.

Fue para sede de la Fundación SGAE y se hizo una renovación completa del antiguo Cine California que se inauguró en 2010 con solo doscientas cincuenta butacas y con todos los avances tecnológicos de última generación. Es un espacio polivalente, con escenario y otras dotaciones intentando la promoción de los autores. Aunque la explotación no es regularmente cine de estreno, sí me parece una iniciativa destacable dentro de este sucinto repaso de aperturas en esos años en España.

Concluyo este capítulo insistiendo en la idea que he intentado desarrollar en él: los cines de arte o que ofrecían una programación más de autor se encontraban como pollo sin cabeza en España.

UNA CIERTA EBULLICIÓN DE LA OFERTA DE CINE EN LA CIUDAD

Santander es una capital de provincia pequeña —y algo conservadora en sus gustos— con una población en torno a 173.000 habitantes. Se podrían sumar otras sesenta mil del extrarradio, los municipios vecinos de El Astillero, Camargo, Piélagos y Santa Cruz de Bezana, cuyos habitantes entran y salen a diario de la ciudad. Incluso hay períodos en el año, épocas de vacaciones, sobre todo, donde la población aumenta por el turismo. Principalmente en el verano, pero también en puentes y otras fechas. Hay además gente de la provincia, Laredo, Torrelavega y otros municipios, que disfrutan de muchos servicios el fin de semana en la ciudad: hostelería, comercio, cultura...

Pero Santander no es una gran urbe con mucha población que pueda absorber infinitamente todas las ofertas culturales que en ella se hagan. Tiene un límite. Y la propuesta del Cine Groucho estaba dentro de ese contexto. La afluencia de público era constante y estable después de años ofreciendo ese tipo de cine de estreno. Nos era difícil crecer en espectadores: la ciudad y sus habitantes no daban más de sí.

Ya hemos comentado que la Sala Bonifaz, sede de la Filmoteca de Cantabria, ofrecía en parte contenidos afines a nuestra línea de programación. También el Cine Los Ángeles que, aunque de miércoles a domingo y ofertando fundamentalmente reestrenos, igualmente tenía un público similar al nuestro. Entre las tres propuestas compartíamos gran parte del público. Pero la nuestra solía estar en desventaja. Con la Filmoteca porque es una iniciativa pública, no le importa demasiado no ser rentable si el fin social lo compensa. Ofrece una ingente oferta anual a precio muy bajo. Con el Cine Los Ángeles, ya sin el apoyo municipal de años atrás, por su forma de contratar los títulos y asegurarse cierto rendimiento dado su reestreno. También por su mayor tamaño y su capacidad para tener un precio menor por entrada en esos años. Esas ofertas, en una ciudad pequeña como es Santander y todas en un puño, no nos permitían casi margen empresarial. Con esa competencia estábamos asfixiados económicamente en nuestra actividad diaria.

Pero, con estas tres propuestas en el centro urbano, Santander tenía una variada programación de cine semanal para lo discreto de su población. A esa triple oferta siempre se sumaba a lo largo del año alguna otra actividad desde los propios cines (ciclos, conmemoraciones o eventos varios). Todo era razonable en ese tema por entonces. Pero para otros organismos, instituciones, y agentes culturales en los últimos años, pareciese que el público pudiera crecer infinitamente o estirarse como un chicle y así, a la ciudad y sus alrededores, empezaron a llegar un aluvión de otras iniciativas.

Primero fue la Universidad, al ofrecer en el curso (2010-11) una programación estable de cine en su Sala de la Escuela de Náutica todos los jueves. Ciclos de cinco películas cada uno, agrupados por temáticas. Una propuesta estupenda de cine de calidad de todas las épocas y géneros. Una presentación de algún profesional cercano al tema iniciaba los ciclos. Sobre veinticinco películas cada temporada, en versión original y a precio reducido de dos euros. Y en esa programación universitaria los estudiantes brillaban por su ausencia. La media de edad no bajaba de sesenta años.

Más adelante, en 2015, surgió la iniciativa asociativa de La llave azul. Este grupo ha venido ofreciendo en el Casyc Up, en la calle Tantín y últimamente en Bonifaz, una programación estable de una película al mes —salvo en verano—, más algún ciclo de vez en cuando —el de Miradas Globales de cine documental es un ejemplo— para el público en general, a un precio algo más bajo que los cines de estreno —cuatro euros, tres para socios—. Son unos cien socios y la ciudad ganó otra propuesta estable de cine independiente desde entonces.

Posteriormente fue el Gobierno de Cantabria el que, con el fin de llevar una oferta de cine de autor —tan demandada por el público de los pueblos—, con su eslogan de Cantabria Infinita, comenzó a hacer programaciones a precio módico en unos cuantos ayuntamientos de la región, de octubre a junio. Empezaron siendo cinco o seis municipios y en unos pocos años han ido aumentando hasta ser veinticuatro en la última edición (2023-24). Una película por semana, durante unas treinta semanas al año. Camargo, El Astillero, Medio Cudeyo, municipios cercanísimos a Santander ofrecían esa propuesta regularmente. Decenas de sesiones de autor con una asistencia ridícula y un gasto público innecesario a mi entender.

El Centro Botín no se iba a quedar al margen y aunque en su antigua sede de la calle Pedrueca siempre tuvo alguna actividad cinematográfica a lo largo del año, solía ser de corte minoritario. En el auditorio de su nuevo centro se ha dado un impulso a unas programaciones irregulares, con precio más bien económico (tres euros, normalmente). Y en el exterior se han sucedido también programaciones más abiertas, normalmente en verano, sin coste para el público. No muchas, es verdad, y siempre de calidad, pero ahí estamos, sumando oferta. 2017 fue el año de inicio de esas propuestas.

A este ramillete de ofertas se ha sumado en los últimos años el Cine Club Santander, que venía realizándose en Bonifaz desde su creación diez años antes y eligiendo para su análisis una de las películas de la programación de la Filmoteca. Al ocurrir un conflicto entre gerentes, decidieron buscar nuevo acomodo y lo encontraron principalmente en el Centro Cultural Tantín, a veces en el Up y últimamente en el teatro donde, desde 2021, tiene lugar su discontinua programación de un día a la semana, generalmente los martes y a precio módico también (3€). Una estupenda sucesión de películas y cine de mucho interés apoyado por la Concejalía de Cultura. Un desdoble de oferta, que no hace más que sumar propuestas al espectador. Programaciones públicas compitiendo con otras de la misma índole en otros espacios de la ciudad.

Hasta la llegada, por último, del Festival Internacional de Cine de Santander que, con sus sucesivas y cambiantes ediciones, está a la cabeza del apoyo público para sus contenidos. Esta nueva idea va poco a poco tomando forma, dando bandazos continuamente, de fechas, de espacios en los que se ubica, de programaciones, etc. pero de lo que no cambia es del fortísimo apoyo institucional que se lleva, dejándonos a los demás tiritando de frío en este particular quehacer diario en Santander, con la connivencia de lo público, a quien debe interesar mucho esta propuesta. La primera edición fue en 2017.

Aquí señalar que un año, tres propuestas se llamaron igual; a saber, Festival Internacional de Cine de Santander. La primera, la nombrada del Centro Botín y Morena films conjunta; la segunda, la anual del Picknic y la tercera, la que organiza la Asociación Cine Infinito en otoño durante varias semanas seguidas, aquel año en el Cine Los Ángeles que alquilaron para el evento. Las tres durante 2022 tuvieron igual denominación, supongo que se irá cambiando en años posteriores. Hasta ahí llega el absurdo de esta ciudad en estas programaciones.

Esta última asociación realiza una labor excelente desde hace varios años, últimamente ubicados en el Centro Cultural Doctor Madrazo, donde proponen el cine experimental y de otras narrativas a lo largo del año al público. Oferta muy por encima de la ciudad, con escasa asistencia pero que ellos sacan adelante aquí. Encontraron un complemento en esa programación de largos en otoño queriendo ser ese nuevo festival.

Vamos a dejar al margen de este asunto otras programaciones que se suceden en Santander a lo largo del calendario y que fomentan diferentes agentes e instituciones como la UIMP en verano, o festivales pequeños como el Corto y creo; también asociaciones como la de cáncer de mama (AMUCCAN) y la de salud mental (ASCASAM) con sus cuidados ciclos anuales.

Por si con esto pareciera escasa la oferta de cine en el centro de la ciudad, en los últimos tres o cuatro años ha proliferado la última de las propuestas, la proyección en Blu-ray o desde un ordenador casero, en varios lugares de la ciudad. Una labor de servicio público según ellos, de engaño según mi opinión, pero que goza de mucho predicamento dada su gratuidad. Se anuncia como cine algo que no lo es. El Centro Cultural Doctor Madrazo, en Puertochico; las programaciones del Ateneo santanderino; los ciclos continuados de la Biblioteca Central de Cantabria en su sede de Castilla-Hermida; Unate (Universidad Permanente de Cantabria) y sus propuestas en el Casyc Up; programaciones de la librería La Vorágine; la Sala Ámbito Cultural de El Corte Inglés, etc...

Y ya lo último en la saturación de oferta de esta ciudad es que la primera empresa española en cuanto al parque de salas, Yelmo Cines, decidió instalarse recientemente (2023) en el Centro Comercial Peñacastillo, en el espacio dejado durante la pandemia por la empresa UCC y competir por el público más joven con los dos exhibidores que ya estaban instalados en ese extrarradio: Cinesa y Ocine. Ahora hay veintiocho pantallas de estreno allí ¡increíble!

Todas ellas han hecho de Santander en estos últimos años un lujo de ciudad en cuanto a oferta cinematográfica en su centro urbano y alrededores. La ciudad es riquísima en ese aspecto. Los buenos aficionados no dan abasto. Cada día se solapan programaciones de unos y otros, imposible no sentirse abrumado por la oferta. Y muchas de ellas con un carácter de cine de calidad, a un precio reducido en general o gratuito. Día tras día. Semana tras semana. Propuesta tras propuesta. Recursos públicos compitiendo con otros recursos públicos. Es un verdadero milagro que Groucho subsista inmerso en esa situación. Que no nos hayan barrido. Ha tenido mérito resistir, con la oferta que se ha hecho desde Groucho, estando sitiados por todo ello.

197

PARÁSITOS Y CIERRE COVID

Tras cinco años desde la reapertura, el proyecto de Cine Groucho volvía a estar bien asentado en la ciudad. Era una propuesta reconocible por todos, de cine europeo y de autor situada en ese singular callejón del centro urbano donde sus dos salas de pequeño tamaño han ido consiguiendo su sitio y un público fiel como negocio cultural.

Pero la fuerza del cine de estreno estaba esos años cada vez más en el producto comercial. Si no exhibías una programación más abierta, a veces compartiendo película con otras salas del extrarradio, tenías más dificultades que nunca. Nosotros en Groucho no hicimos eso y veíamos cómo progresivamente, cada año, se perdían espectadores. Una lenta caída desde el año posterior a la reapertura, en que tuvimos treinta y un mil espectadores. Treinta mil en 2017. En 2018 nos quedamos en unos veintinueve mil, y veintiocho mil en 2019. Unos mil espectadores al año íbamos perdiendo, que no es mucho, pero que era la tendencia que no conseguíamos revertir.

El público cada temporada escogía menos películas para ir a ver. Más público en las salas (la asistencia en España crecía en esos años) pero todos a ver las mismas cintas. Películas que se estrenaban cada vez con más copias y arrasaban en taquilla. Si no exhibías eso, poco a poco estabas yéndote a la marginalidad. Han sido los años de predominio de Disney con una sucesión constante de cine familiar. El público se movilizaba en masa. *El rey león* (2019) o cualquiera de superhéroes no tenían rival en taquilla. La exhibición definitivamente dio el giro a ese tipo de entretenimiento.

En el Cine Groucho yo repetía muchas veces a clientes y a amigos, lo de que, después de pelear tanto con una propuesta de autor, íbamos a morir en la orilla. Ahora nos esperaba tener que cerrar por falta de público, que cada vez estaba más en casa viendo las nuevas plataformas y que, cuando iba al cine, quería espectacularidad.

Fueron esos últimos años de un sufrimiento casi constante, de una impotencia con nuestra oferta al ver todos los lunes las cifras de las recaudaciones de los fines de semana y los espectadores enormes de esas películas comerciales, y cómo el cine de nuestros proveedores casi no tenía asistencia. El circuito de versión original en España, que nosotros tocábamos algo, estaba desapareciendo. Un distribuidor apenas colocaba catorce copias de una buena película para su estreno en versión original, y solo si tenía premios en algún festival. Los exhibidores se negaban a programarla. El público no estaba ahí. Y ese era nuestro característico cine. El europeo, con premios en festivales. Además, vivíamos rodeados de una extraordinaria oferta de cine económico y similar al nuestro de las instituciones y otros agentes en Santander. O reaccionábamos, o estábamos en el final.

Y llegó *Parásitos*.

Todo cambió en unas semanas con ese título. Era otoño de 2019. Fue un fenómeno sin igual en el cine de estreno. Dio la vuelta a muchos de los parámetros que eran habituales en esos años y desconcertó a todos. Se llevó la mayoría de los premios que había, arrastró a los espectadores a las salas en tropel y batió todos los récords habidos y por haber.

Y también paró nuestra calda de asistencia. Ese año 2019, pensábamos que no iríamos mucho más allá de veinticinco o veintiséis mil espectadores según la dinámica que llevábamos a principios del otoño. Y no, *Parásitos* nos hizo acabar el año con veintiocho mil, los mismos que el año anterior. Nos salvó de la caída.

Parásitos (2019) es una película surcoreana, de Bong Joonho, un autor que estaba haciéndose un nombre en el circuito de festivales. Con esta cinta obtuvo, además, el premio más importante en el Festival de Cannes, la Palma de Oro, con lo que venía ya muy bien acreditada.

Pero en España, con distribución de La aventura audiovisual, una distribuidora barcelonesa de corte minoritario, se estrenó en sesenta y cinco salas a finales del mes de octubre. La película tenía sus expectativas, porque estar en todos esos cines de estreno siendo surcoreana, pese a ese premio, no era fácil.

La película respondió muy bien en el estreno. Entró con fuerza, tuvo una muy buena asistencia y se fue manteniendo unas cuantas semanas en cartel. En Groucho tuvimos unos de los mejores diez días de recaudación de nuestra historia con ella. Una asistencia muy alta. Con el paso de las semanas, fue perdiendo algo de fuerza y fue desapareciendo de muchos cines. Ya habla sido rentable a los exhibidores. Era una película muy exitosa para el circuito de salas de autor. Y la fueron quitando de cartelera. Tendría la película sobre ciento veinte mil espectadores durante las diez primeras semanas en toda España. Groucho la tenía ya a un único pase. Sería enero, aproximadamente. Trece salas de las iniciales la mantuvimos por entonces.

Pero llegaron las nominaciones a los Óscar. Tuvo seis nominaciones (mejor película, director, guion, película internacional, montaje y diseño de producción) y aquello supuso un acicate tremendo. Empezó a sonar en los medios, las salas que habían quitado la película la incorporaron de nuevo y el público volvió a subir. Entre esas semanas y el momento en que le dieron definitivamente todos los Óscar importantes el 20 de febrero (mejor película, director, guion y película internacional) se desató la locura. Pasó de trece copias a más de trescientas cincuenta. De cines de centro urbano y salas pequeñas a multisalas, a veces con salas de cuatrocientas butacas, con sesiones en dos salas de un mismo complejo. Llegó a un público muy amplio y consiguió que la viesen un millón y medio de espectadores hasta el cierre del 13 de marzo por el covid, momento en que nosotros aún la manteníamos en cartelera.

Fue un fenómeno sin igual en España y también para nuestro local. La película estuvo en Groucho veinte semanas en cartel, casi cinco meses. Desde el estreno el 19 de octubre hasta el 13 de marzo del año siguiente. Batió todos los récords existentes en el Cine Groucho hasta entonces: desde el número de espectadores que tenía una película, que se fue hasta seis mil quinientos, frente a la anterior más popular en todos los años de trayectoria que era *La cinta blanca*, con tres mil quinientos, hasta las sesiones ofertadas, donde batió a *La gran belleza* que figuraba con ciento noventa y tres, hasta entonces la más alta. *Parásitos* llegó a doscientas noventa y cuatro sesiones. Pasando por la recaudación que tuvo, con la que también batió todos los récords. Hizo más de treinta y seis mil euros de recaudación en el local, frente a casi veintiún mil de la película que más había recaudado en los quince años previos, también *La gran belleza*. Por último, batió a *Verano del 93* en el número de días que estuvo programada. La película catalana tenía el récord hasta ese momento con ciento cinco días. *Parásitos* llegó hasta ciento treinta y ocho.

Estuvo viniendo gente constantemente a Groucho a verla. Al principio eran todos clientes habituales pero, poco a poco, el público iba cambiando. No sé de dónde saldrían, muchos no habían venido nunca al Groucho, eran desconocidos, ¡increíble! todos viendo cine surcoreano. Un espectáculo de asistencia, un martes o un miércoles llenando a media tarde. Un fenómeno. Las últimas fechas ya fuimos acusando que la película se exhibiese en otros muchos lugares como las multisalas del extrarradio o las salas municipales de los ayuntamientos vecinos. Estaba todo descontrolado con esa película, hasta Hollywood la había premiado en la categoría de Mejor película del año, una cinta en otro idioma, no en inglés. Algo inaudito. El resultado fue espectacular. *Parásitos* fue el éxito indiscutible del año cinematográfico y ayudó al Groucho a remontar esa curva en la asistencia. Estábamos contentos con parar la sangría de espectadores de los cuatro últimos años. Pero de pronto, en unos pocos días de marzo, un virus, un confinamiento, un cierre ....

A todos nos pilló por sorpresa esta epidemia tan grave y se cerró el cine ese 13 de marzo de 2020. Nos confinaron en casa por varias semanas y el horizonte del retorno se ennegreció temporalmente. Así, tendríamos que esperar unos meses hasta ir viendo la posibilidad de reabrir y retomar nuestra propuesta exhibidora.

LAS DESESCALADAS

Las circunstancias del COVID supusieron una situación dramática para todo el país, para todo el mundo. Meses y meses de desesperanza, miedo y gravedad. Todos los países intentando avanzar con las vacunas y mientras, capear el temporal como se pudiese. Una epidemia nunca vista en nuestra sociedad que tuvo un impacto tremendo.

Dos meses confinados en casa fue una experiencia durísima. Además, con las cifras de fallecidos diarias en los medios de comunicación, los contagios y el peligro con las distintas variantes del virus evolucionando sin control. Tenía la sociedad el miedo metido en el cuerpo.

Afectó esta pandemia a toda la economía por la parálisis que hubo y por extensión, a los comportamientos sociales y personales que cambiaron mucho en aquellos meses. El sector de las salas de cine se vio muy afectado por el COVID en todos los aspectos. Varios meses de cierre absoluto, primero, y con unas perspectivas de futuro nada claras a la hora de reabrir, después.

Tras un par de meses, había cierta ansiedad con la vuelta a la normalidad, que iba a tardar mucho tiempo. Pero sectores de la población exigían libertades y tránsitos más rápidos de las fases que esa desescalada gubernamental iba marcando paulatinamente. Me acuerdo que la movilidad entre Cantabria y el País Vasco se produjo incluso dos días antes que con el resto de comunidades autónomas, ahí estuvo el presidente autonómico Revilla con el lehendakari Urkullu haciéndose la foto en Saltacaballo.

Y para aprovecharlo, ese día viernes 19 de junio, me fui por la tarde a Durango desde Santander a ver una película de estreno en su histórico Cine Zugaza, que estaba ya abierto desde unos días atrás. Hora y cuarto desde mi casa para asistir a su sala grande en horario de noche, sobre las 22:30. Me dio tiempo para darme una vuelta por el centro de la villa durante la tarde y ver la hostelería trabajando con las mascarillas y, en fin, aquella odisea de lo imposible. Comí una búrguer en uno de sus establecimientos y saqué entrada para ver *Matthias & Maxime* (2019) del canadiense Xavier Dolan, cineasta joven y rompedor por sus temáticas duras y con sus potentes bandas sonoras que Avalon estrenó en esas fechas y que como Groucho estaba cerrado, no se vería en Santander por el momento. Me gustó mucho la historia de amistad ahí contada que vi yo solo en el cine. Creo que en las otras dos salas había tres o cuatro personas. Una primera decepción de asistencia con la reapertura.

Las distintas salas de España fueron abriendo en cascada tras unos meses de cierre. Algunas hacia finales de junio, otras en julio. Cada uno como pudiese. Nosotros decidimos la reapertura a fin de mes, tras cuatro meses y medio de cierre. Se hizo los días previos una revisión de los equipos de proyección; también se solicitó una puesta a punto del sistema de ventilación y aire acondicionado, importante en esas circunstancias. Se realizó una limpieza general del local, situando cartelería con indicaciones novedosas de aforos y distancias en taquilla y en todo el cine; añadimos los productos que se nos indicaban, geles, etc. Con mucha incertidumbre, aunque con una buena propuesta de cine europeo otra vez, se abrió al público el viernes 31 de julio de 2020.

Esa primera reapertura fue con las películas *La profesora de piano* (2019) del alemán Jan Ole Gerster, una magnífica cinta de una frialdad y tristeza destacables sobre las relaciones de una madre profesora; la chilena *Blanco en blanco* (2019) del director Theo Court, sobre un fotógrafo que llega a Tierra del Fuego, un pionero en un país virgen, excelsa foto con Alfredo Castro como protagonista. Y la tercera fue *Under de Skin* (2013) del escocés Jonathan Glazer, con Scarlett Johansson como actriz y mantis del relato. Cine de culto que aún no se había estrenado en España tras siete años desde su realización y que la distribuidora ofreció conjuntamente con un corto del mismo director, *The Fall* (La caída, 2019). Una propuesta inaugural excelente para ofrecer a nuestro público.

Había en el sector escasez de contenidos en general. Debido a las circunstancias de la pandemia, nadie quería arriesgar con su oferta y el producto comercial se retrajo más que el de autor. Nosotros en nuestro circuito, dentro de la escasez general, notamos menos esa dificultad y ofrecimos aquellos meses buena programación y variada, como habitualmente.

Fueron meses muy complicados para todos, Groucho entre ellos. Poquísima asistencia de público, mucho miedo y precaución. Los espacios cerrados eran muy mal vistos por la gente y aunque la seguridad e higiene eran una prioridad, pasaban las semanas y la asistencia no aumentaba. El público estaba en las casas. No llegamos ni a un 50% de años anteriores en agosto, septiembre y los meses siguientes.

Incluso el primer día de reapertura se nos fastidió un equipo de proyección, dada la inactividad de varios meses que tuvimos y esa primera semana de trabajo, solo pudimos tener una sala de cine funcionando. Cinco días de los técnicos para arreglar nuestro servidor. Imposible tener más dificultades.

Espaciábamos las sesiones (estuvimos unas cuantas semanas haciendo solo tres) para que no se juntaran los que salían con quienes entraban a las salas; esparcíamos también un producto químico tras la salida del público de las pelis (Ox Virin); ventilábamos y limpiábamos con mayor intensidad que habitualmente, etc. Pero la situación general de miedo e incertidumbre se imponía y habría que tener paciencia.

El otoño fue muy complicado. Las curvas de los contagios crecieron desorbitadamente. Las indicaciones constantes de las autoridades iban en contra de la actividad, el público estaba con mucho miedo y tras la navidad, que fue muy pobre en asistencia, decidí el cierre total de Groucho de nuevo. El 10 de enero volvimos a bajar la persiana. Ya estábamos las últimas semanas trabajando con el toque de queda impuesto para seis meses por las autoridades a las diez de la noche, con lo que se antojaba imposible la actividad.

En ese tiempo hubo cines que no volvieron a cerrar. Aguantaron abiertos como pudieron, con menos sesiones, con menos material, con precaución máxima en las medidas, pero sin cerrar, al contrario que Groucho que estuvo seis meses y medio, hasta primeros de agosto de 2021, otra vez cerrados. En Santander, la Filmoteca de Cantabria y el Cine Los Ángeles estuvieron abiertos. Cinesa también se mantuvo operativo. El Centro Cultural La Vidriera, de Camargo, y la Sala Bretón, de El Astillero igualmente tenían su oferta. Esos meses de inacción me acuerdo de ver mucho cine en salas, tenía tiempo libre, siempre había oferta interesante entre esos varios exhibidores. Incluso me iba a Bilbao cada par de semanas y hacía un programa doble entre Golem y Multis. Unos pinchos entre medias y de vuelta en una hora a Santander. Así seguía los estrenos de cartelera y otras ofertas. Podría decir que me puse las botas de mi afición en ese periodo. Nadie iba al cine y yo me emborraché a ver películas esa temporada.

Incluso se había inaugurado un nuevo complejo en el extrarradio de Santander. A la empresa Ocine, de Gerona, le pilló en su obra la pandemia de por medio y aun así decidieron continuar con el proyecto e inauguraron sus nueve salas de última generación y sus mil butacas ergonómicas en un nuevo centro comercial creado meses antes. Algo realmente temerario en aquella situación pero que el tiempo les ha dado la razón, porque con el paso de los meses se han posicionado como el exhibidor con más público de la ciudad y alrededores.

Aquellos fueron unos meses de espera, pasando mucho tiempo en casa, en donde aproveché para ir desarrollando también este texto entre otras cosas. Al final de ese periodo de cierre, justo cuando terminó la prohibición de la movilidad, hacia comienzos de mayo, me fui un par de semanas a pasarlas en Valladolid y visitar a mi padre nuevamente. Allí el caos en el sector era muy parecido al de Santander y al de todos los sitios por la situación tan difícil que se estaba viviendo. Me tentó reabrir el Cine Casablanca, cerrado entonces por el fallecimiento de José María, su propietario y amigo. El operador Luis me animaba a ello, pero yo no lo tenía entre mis intenciones y nunca me lo planteé en serio. Al final, un año después lo acabó reabriendo Arturo Dueñas, un director local ya versado en el sector, aunque más en la producción y dirección.

Todo ello como producto de las dudas sobre el futuro del sector y de Groucho. Había que negociar con la propiedad del local y todo lo económico parecía imposible de superar. Muchos meses de inactividad, sin ingresos y con bastantes gastos, se antojaban insuperables. Al final, entre los ERTES de los trabajadores que puso en marcha el gobierno, las negociaciones con la propiedad del local por la rebaja de los alquileres en ambos periodos de cierre, las reducciones de varios de los recibos habituales (asesoría, luz, etc.) y con un poco de caja que la empresa tenía y las reducidas necesidades vitales mías pues vivía con mucha humildad, más una aportación extra del Ayuntamiento de Santander por una convocatoria de ayudas a las que presenté un proyecto, pude superar ese largo periodo y reabrir las salas nuevamente en el verano de 2021.

Aproveché esas últimas semanas de cierre, aparte de realizar los mantenimientos y revisiones anuales habituales, para acometer una intervención en el callejón de entrada y mejorarlo, tapizar también las butacas del cine después de diecisiete años y varias cosillas menores del local, que lució magnifico en su oferta habitual desde primeros de agosto, en la ya segunda y definitiva reapertura.

ÚLTIMAS TEMPORADAS DE DIRECTORES Y TÍTULOS

En estos últimos años desde el fin de la pandemia, Groucho ha continuado ofreciendo en su cartelera semanal excelente cine de autor. Alternábamos directores consagrados con otros que iban apareciendo en los diversos festivales internacionales y que a veces llegaban al mercado de estreno español.

Vamos a comenzar destacando a la directora marroquí Maryam Touzani, de quien se pasaron sus dos últimas películas, *Adam* (2019) y *El caftán azul* (2021) ambas con Lubna Azabal como protagonista. Una suerte para Marruecos tener a una artista que explora y difunde sus medinas y sus tradiciones más ancestrales, aquí a través de dos negocios pequeños; un obrador en la primera y una tienda tradicional en la segunda. Historias de personas, elaboradas con mucha delicadeza y respeto. Sus envolventes atmosferas son destacables en su estilo visual. Una directora magnífica que incorporamos.

Un director consagrado que pudimos ofrecer de nuevo fue el chino Zhang Yimou, que estrenó *Un segundo* (2020), película homenaje además al cine y su visionado en una aldea del interior del país. Lo sitúa en el tiempo de la revolución cultural dónde, desde décadas atrás, ya había ubicado varias de sus obras maestras. Una película visualmente magnífica pero emocionalmente también bastante profunda. Su cinema paradiso particular. Habíamos pasado dos de sus títulos en nuestros primeros años: *La maldición de la flor dorada* (2006) y *Una mujer, una pistola y una tienda de fideos chinos* (2009), pero este film tiene un especial significado para Groucho por su temática.

Entre las recientes apariciones de directores españoles han destacado un grupo de jóvenes mujeres que han hecho sus propuestas y han sido premiadas en los últimos años en muchos festivales de cine. Vamos a señalar aquí a la zaragozana Pilar Palomero que con su debut *Las niñas* (2020), se posicionó como una destacada artista, ganando un par de goyas ese año, entre ellos la dirección novel y también la Biznaga en el Festival de Málaga, donde se presentó. Muestra en ella la educación de unas adolescentes en un colegio religioso el año de las Olimpíadas, con la censura social como trasfondo y la educación y el diálogo como solución. En ese año 1992 con tan grandes fastos en España. Un estupendo debut que además atrajo a la gente a las salas.

Otro nombre importante de los últimos años es el cineasta de Japón Ryusuke Hamaguchi, del que pudimos ofrecer primero *La ruleta de la fortuna y la fantasía* (2021) y al año siguiente, la multi premiada *Drive my car* (2021), que se llevó el Óscar a mejor película internacional ese año. Adapta aquí un relato corto de Murakami, de su colección *Hombres sin mujeres*. Narra la relación entre un director teatral y su chofer mujer durante unos ensayos de una obra para un festival de teatro. Cuenta con delicadeza las relaciones personales de ambos protagonistas y el dolor y la tristeza de situaciones de su pasado. Ambos se consuelan con su comunicación. Hondura y calidad en un director que apareció con mucha fuerza en este último periodo.

Otro de nuestros directores de referencia es el italiano Nanni Moretti. Ya veterano, pero con una trayectoria importante desde sus travesías por Roma con su vespa en su cine. Hemos ofrecido varias de sus películas en esos años desde nuestra apertura: *Habemus papam* (2011) primero, *Tres pisos* (2020) después y la última hasta el momento, *El sol del futuro* (2023) con gran éxito de público, además.

Moretti posee una sala de cine en Roma, el New Sacher y conoce y valora a las salas pequeñas como nadie. No solo hace cine de autor con sus historias cruzadas y graciosas, sino que está implicado con el lugar donde este cine se ofrece y lo defiende al máximo. Nos gusta mucho oírle y leerle, es muy empático con Groucho en todos esos aspectos, aparte de un gran director que ya hace más de veinte años ganó la Palma en Cannes. En este último estreno, nos divertimos con su parodia sobre un director de cine y sus guionistas y productores. Y una de las películas más sobrecogedoras de estas últimas temporadas fue la adaptación de la homónima novela *María Chapdelaine* realizada por el director canadiense Sebastián Pilote en 2021 y que se ofreció únicamente en su versión original en el estreno. Una obra extensa (ciento cincuenta y dos minutos) con la naturaleza en medio de las personas, con un tempo de narración ya en desuso, contemplativo y lento y con una historia vital muy potente. Un cine con mayúsculas que resaltamos de esos últimos años en Groucho.

Una aparición destacable en este último periodo es la del director sueco Ruben Ostlund, premiado varias veces en el Festival de Cannes. Nosotros pudimos ofrecer dos de sus aclamadas películas. Primeramente, *Fuerza Mayor* (2014), sobre un accidente de una avalancha de nieve en Los Alpes, donde una familia pasa unos días. También exhibimos años después *The square* (2017) sobre un manager de un museo de arte contemporáneo. Un director que indaga con su bisturí en la sociedad contemporánea, a veces con un estilo muy provocativo y crudo.

Y otra de las apariciones con más fuerza entre los directores fue la del tailandés Apichatpong Weerasethakul, premiado también en Cannes en años anteriores y del que pudimos pasar su último trabajo *Memoria* (2021). Rodada en Sudamérica, en Colombia concretamente, y con Tilda Swinton de protagonista, que además ganó el Premio del Jurado en esa edición. Es este un cineasta muy particular, cercano al cine experimental y de difícil encaje en el mercado de estreno. Sus películas se mueven entre el realismo y lo fantástico, muy interpretables y que necesitan entrega por parte del público, que a veces se impacienta y recela. Groucho intenta equilibrar distintos estilos a lo largo de las temporadas y nos satisfizo ofrecer a este profundo y acreditado cineasta.

Y volviendo al cine español, otra cineasta joven se había alzado con el premio grande en Berlín y pudimos estrenar su película ese año. Fue *Alcarrás* (2022), de la catalana Carla Simón, quien ya con su debut *Verano 1993* (2017) tuvo un récord de permanencia en la cartelera de Groucho en su estreno únicamente en catalán. Esta nueva película, sobre el final de una explotación de melocotones en la Lérida rural, fue muy vista esa temporada, incluso fuera de Cataluña. Impulsó las cifras de asistencia tan bajas que había tras la pandemia y supuso la consagración de su directora con ese cine pequeño, de corte naturalista, con actores no profesionales en buena parte y mostrando una problemática muy actual en el campo y en la sociedad. Otro de nuestros títulos esenciales de los últimos años.

Uno más de los directores consagrados que hemos ofrecido en nuestra trayectoria es el británico Terence Davies, fallecido en octubre de 2023. El director de Liverpool ya era notorio hace varias décadas y en Groucho se pasaron con anterioridad *The Deep blue see* (2011), *Sunset song* (2015) e *Historia de una pasión* (2016) y también su último trabajo *Benediction* (2021) en el que, con su habitual elegancia nos recrea la vida del poeta homosexual Siegfied Sasoon. Una película llena de dolor y melancolía, pero con una artística puesta en escena y con su excelente música punteando toda la narración, como otra característica que siempre destacaba en su cine.

Otro cineasta remarcable en nuestra trayectoria es el turco asentado en Italia Ferzan Ozpetec del que se habían pasado primero *La ventana de enfrente* (2003), después *Tengo algo que deciros* (2010) y, finalmente, *La diosa fortuna* (2019); historia algo dispersa sobre una crisis de pareja pero que aglutina sus características de estilo a lo largo de su dilatada trayectoria: a saber, sensibilidad, melancolía, estupenda música, buenas interpretaciones, etc. Siempre dando el foco al colectivo LGTBI+ en su cine. Un cineasta de referencia en este tema.

Y una de las películas que más me impactó de esta última etapa fue la irlandesa *The quiet girl* (2022) del debutante Colm

Bairead que, con nada, hace un cine grande. Una historia en el final del siglo XIX en la Irlanda rural donde una niña pasa una temporada en casa de unos tíos al estar su madre de parto. Allí su mundo cambia. Película que juega con los silencios y el cariño con mucha honestidad. En ella casi se me saltaron las lágrimas en su visionado al final, magnífica.

Y otro consagrado, Paul Schrader, mítico guionista de Scorsese lustros atrás y excelente director norteamericano que cerraba su trilogía del perdón con *El maestro jardinero* (2022) y del que pasamos con anterioridad *El reverendo* (2017). Con un cine de personajes, nos cuenta una potente historia sobre la culpa que lleva a cuestas su protagonista y su redención. Mantiene una sugerente intriga en la narración. Cineasta ya veterano pero muy fresco en su propuesta cinematográfica. Otro lujo.

De entre los consagrados, tenemos que destacar la reaparición en el estreno de cine de uno de los directores españoles más importantes de toda su historia, Víctor Erice que con *Cerrar los ojos* (2023) volvía a las salas treinta años después de su último largometraje. Una maravillosa historia sobre la memoria y el pasado. Alguien que desaparece sin dejar rastro y años después, por un programa televisivo, es encontrado. José Coronado está magnífico, pero todos los actores que lo acompañan también (Manolo Solo, José María Pou, Ana Torrent, Mario Pardo, Soledad Villamil, Helena Miguel, etc.) en una historia a la vez simple y llena de referencias cinéfilas y personales de su director. Tenía mucha expectativa este estreno y no decepcionó, sino todo lo contrario. La crítica lo alabó mucho y el público asistió a verla con alegría en las salas.

Otra de las apariciones estelares de estas últimas temporadas fue la del italiano Pietro Marcello con dos de sus películas, que pudimos ofrecer en Groucho. Tenía una producción amplia de cine documental el cineasta, pero a España llegaron estas dos ficciones a la cartelera: *Martin Edén* (2019) primero, justo con uno de nuestros cierres de pandemia y después, en la desescalada, *Scarlet* (2022), ambas magníficas y destacables. Visualmente son dos obras excelsas, con sus encuadres, sus formatos, sus colores, etc. La estética es siempre primorosa, pero es que además integra dos historias importantes, íntimas, de crueldad con un carpintero *Scarlet* y una adaptación literaria de la novela de Jack London *Martin Edén*, sobre un escritor con compromiso político y su lucha. Un nuevo autor que se consagró en el sector.

Y aunque no salgamos de Italia tenemos que referenciar aquí a otro ilustre director, Marco Bellocquio, que ya octogenario estrenaba *El traidor* (2019) sobre las corruptelas del poder y la mafia, con Pier Francesco Favino como protagonista estelar. Tuvo multitud de premios en Italia con esta aproximación a la Cosa Nostra llena de aristas, personajes secundarios, situaciones y escenarios muy diversos. Obra monumental y a veces dispersa de un director que ya tuvimos con otros de sus títulos anteriores desde *Buenos días, noche* (2003) en nuestro primer año, pasando por *Vincere* (2009) y llegando hasta *Felices sueños* (2016).

Y voy a terminar este capítulo de los últimos estrenos resaltando una película islandesa, *Godland* (2022) sobre la aventura de un sacerdote y su misión de construir una iglesia en la lejana Islandia en el siglo XIX, territorio danés por entonces, fotografiando a la vez ese espacio casi virgen y a sus habitantes. Una película hipnótica, con otra vez unos tiempos desacostumbrados en el cine actual, pausados y concisos. El director Hlynur Palmason, con algún premio con su anterior cine en festivales internacionales nos deslumbró con esta obra profunda sobre las personas y la religión. La tuvimos mes y medio en cartelera, además, afirmando nuestra línea de programación exhibidora en esos meses de dificultad.

LA NUEVA REALIDAD Y EL XX ANIVERSARIO DEL PROYECTO

Tras esa segunda reapertura ya no habría marcha atrás para nadie. Día tras día, semana tras semana se trataba de ir recuperando los espectadores y la actividad en el sector de la exhibición de cine en general. Mirar hacia adelante. Pero la situación de las salas se antojaba muy complicada y sin solución a corto plazo. El casi año y medio de pandemia había transformado el mundo del consumo audiovisual reorientándolo hacia los hogares, donde las plataformas se posicionaron de forma definitiva y la tecnología dio un salto muy grande hacia su universalización. Al público le iba a costar mucho volver a las salas. El consumo audiovisual estaba en otros lugares.

En los años siguientes, fueron los jóvenes quienes acapararon este crecimiento progresivo. Las películas de multinacional tiraban del mercado a fogonazos y la nueva realidad iba a tener esa característica. El joven copa la asistencia. Las salas como Groucho, de centros urbanos y con cine de autor, sufrirían algo más que las del extrarradio comerciales dónde a espasmos, acudía la juventud.

Ya no 2020 y 2021, con los cierres por pandemia, sino 2022 y 2023 fueron años de recuperación paulatina y muy lenta. A fines de este último, las cifras del sector estuvieron en setenta y cinco millones de entradas vendidas, lejos de los ciento seis anteriores al COVID. Tras dos años de recuperación, la actividad todavía estaba lejos de la asistencia anterior. El Ministerio de Cultura, a través del ICAA, tuvo que apoyar a las salas y estableció por primera vez en su historia una ayuda económica directa a todos los cines de España. Tres anualidades de apoyo. Otro de los asideros para la subsistencia de Groucho y otros cines en ese largo lapso de tiempo de lento crecimiento de la actividad.

Voy a retrotraerme aquí unos meses porque antes de la primera reapertura, en junio de 2020 asistí a la increíble inauguración de un pequeño cine en Madrid. Aunque parezca ciencia ficción, un distribuidor muy asentado, Miguel Ángel Pérez, los últimos años con Surtsey films, se había lanzado meses atrás a la construcción de unas salas en la zona sur de la capital, en la Glorieta de Santa María de la Cabeza, zona de mucho ambiente teatral, pero sin cines. Lo llamó Embajadores por la calle cercana y consiguió abrirlo en el verano de 2020. Tres salas de apenas doscientas butacas entre todas ellas. En medio de confinamientos, contagios, restricciones y demás consiguió, con cierto retraso, inaugurar su ilusionante cine.

Hizo varias jornadas de invitaciones previas a la normal apertura del establecimiento para darlo a conocer y yo me acerqué desde Santander y pasé una noche en un hotel cercano. Aquello fue toda una odisea por el miedo generalizado que todavía existía, con mascarillas, geles, distancias y demás condicionantes en todos los lugares. Tuvimos una comida muy divertida con exhibidores y programadores ese día y una proyección de tráilers en su sala más grande, con unas palabras y aplausos incluidos en el acto. El cine, muy simpático, modernito y ya sin cabinas de proyección. Los avances técnicos posibilitaban centralizar todos los sistemas de proyección en taquilla y no perder espacio para butacas en las salas.

Me encantó el viaje y su cine que, desde la apertura, ha tenido un éxito espectacular, algo que nadie podía presuponer porque el sector sufría mucho, la asistencia estaba muy resentida y Miguel Ángel y su Cine Embajadores siempre lleno, algo inaudito.

Tuvo tanto éxito su iniciativa que se puso el traje de faena para las salas y desde entonces reorienta su día a día hacia este sector, inaugurando un segundo local muy cercano al primero, con otras tres salas de doscientas veinte butacas, tres años después. También está de obras en otra instalación en la ciudad de Oviedo, tras mucho tiempo peleando con las licencias y tiene proyectos iniciales para otras capitales de provincia. Está inmerso en este lento crecimiento de su circuito.

Miguel Ángel ha dejado a todos con la boca abierta con su propuesta de cine urbano en salas pequeñas, con mucha variedad de películas semanales, tocando varios géneros populares (la animación y el cine español son dos de sus fuertes). Ha sido y está siendo una especie de fenómeno en el sector de las salas.

Para comprender mejor esta situación de los pequeños cines debo resaltar que en ese tiempo se formalizó la creación de, esta vez sí, una asociación que agrupaba estos pequeños cines con programación de autor y situados en centros urbanos. El impulso definitivo se lo dio Ramiro, que había empezado a gestionar un cine propio en Ferrol y se había trasladado a Madrid con la oficina de su nueva distribuidora L´atalante. Consiguió poner en marcha la asociación que nombraron Promio y a la que Groucho se sumó meses después. Resaltar aquí quienes forman parte de dicho grupo, que en buena medida son cines asociativos (los ya nombrados Truffaut, Zumzeigt, Zoco, CineCiutat, Cine Baix y Edison de Granollers) y otros varios sin ánimo de lucro (Centro Niemeyer en Avilés o Círculo de Bellas Artes de Madrid) unidos a los cooperativistas de Numax, el proyecto de Ferrol Duplex, el de Miguel Ángel con sus Embajadores, los Cinemas Girona barceloneses, el señalado en Lugo Codex, Groucho y el circuito más importante que es Golem. En fin, un popurrí de unos veinte proyectos en distintas ciudades que se logró unir en estos tiempos de uniformidad sectorial hacia lo comercial y el extrarradio. Veremos si el tiempo hace fuerte esta asociación o la acaba matando, como en ocasiones precedentes. Groucho encontraba un sitio en buena compañía después de años de trayectoria muy en solitario, aunque de este grupo formasen parte poquísimos empresarios particulares.

También en esos periodos en que Groucho estuvo cerrado me dio tiempo a hacer otro par de viajes y visitar a sendos emprendedores sumidos en esa triste realidad. Creo fue en el verano de 2021, antes de reabrir mi local, cuando viajé a visitar el cine que Ramiro había alquilado y reabierto en Ferrol. Se trataba del Cine Dúplex, con dos salas de cien y ciento veinte butacas e inaugurado en los años ochenta por sus antiguos propietarios, que lo cerraron tiempo atrás. Lo reabrió tras una reforma discreta y la correspondiente digitalización. Como no conocía Ferrol, aproveché para hacer un poco de turismo por su elegante y decaído ensanche, darme un baño en Valdoviño al día siguiente por la mañana y ver la fuerza que Navalia tenía en la ciudad. Me quedé una noche en un elegante hotel céntrico de comienzos del siglo XX con todos los inconvenientes que la desescalada del COVID conllevaba.

Aunque la ciudad estaba bastante parada, estuvimos viendo las instalaciones y sus mejoras. El local se parecía algo a Groucho. Incluso me dio tiempo a ver una peli casi solo en la primera sesión de la tarde, *Habitación 212* (2019) del francés Christophe Honoré que, aunque con Chiara Mastroianni protagonizándola, era muy flojita. Todo antes de ir a cenar por la zona con Ramiro y su entonces operador Víctor, una rica tortilla de patatas al estilo Betanzos.

Era una apuesta muy interesante la que emprendió allí, aunque la ciudad de Ferrol no tiene mucha población y pese a que él vivía en Madrid. El cine estaba montado y la reapertura era más sencilla que iniciar obra nueva. Le deseé suerte en su futuro y desde entonces le sigo de cerca la pista por estar ambos en la misma marginalidad del sector de salas de cine de España y agrupados en Promio.

El segundo de los desplazamientos fue a Lérida, capital que aún no conocía y en donde me habían hablado existía un pequeño cine en el centro de la ciudad. Descolgué el teléfono, charlé con su propietario que también se llama Miguel Ángel, que dijo me recibiría con los brazos abiertos si lo visitaba y allí que me fui a pasar tres días con sus dos noches de hotel. Tiré la casa por la ventana, estábamos cerrados en Groucho y podía divertirme algo.

Al tiempo que compartíamos experiencias aproveché igualmente para hacer un poco de turismo por la ciudad que, por los trabajos de la recogida de frutas en la provincia, estaba repleta de inmigrantes de color en aquellas fechas de junio. Y visité la imponente Seo románico-gótica en su privilegiado enclave entre otros atractivos urbanos.

Aparte de conectar muy bien con Miguel Ángel, tenía un local muy simpático en la avenida peatonal que atraviesa todo el centro de la ciudad. Se llama Spai Funatic y cuenta con tres pequeñas salas de cincuenta butacas cada una y otra añadida con un Blu-ray para eventos, alquileres y demás. En total ciento cincuenta butacas que su propietario había puesto en marcha unos quince años atrás y que programaban desde por la mañana y sin parar, cine de distribución independiente y de calidad. Con la pandemia acababa de cerrar su vestíbulo de venta de revistas, prensa y merchandaising y estaba probando una nueva apertura con consumibles. Una cafetería completaba la oferta del local. Una explotación intensa de esas reducidas salas que ofrecían semanalmente entre quince y veinte títulos de estreno con únicamente esas butacas.

Para mí eran unas formas de explotación muy diferentes a Groucho, aunque englobadas todas ellas en un mismo sector de cine urbano y de calidad. Miguel Ángel hacía malabares para cuadrar las programaciones de todos esos títulos en su pequeño espacio cada semana y Ramiro haría las suyas para desde Madrid ir solucionando y asentando su oferta cinéfila en Ferrol. Pero en esos tiempos de postpandemia todos estábamos algo asustados por el futuro.

Después de ambas aventuras, ya me tocó reabrir Groucho. Esto ocurrió en agosto de 2021 tras seis meses y medio de cierre. Desde entonces han pasado dos años largos hasta este 2024 en que finalizo esta narración barruntando la celebración del aniversario de Groucho. En este periodo se ha ido poco a poco y progresivamente creciendo de nuevo, aunque a un ritmo muy lento. En Groucho caímos a doce mil espectadores en 2020, incluso a siete mil en 2021, el año en que cerramos seis meses y medio, para obtener algo más de diecinueve mil espectadores en 2022 y veinticuatro mil el último 2023, lejos aún de los treinta mil que hemos tenido aproximadamente casi todos los años de nuestra trayectoria.

Observando el comportamiento del público después de la pandemia se me antoja más difícil la subsistencia de Groucho con la propuesta que yo quiero, exclusivamente centrada en el cine de autor. El futuro va por otro camino, incluso dentro de este sector de salas pequeñas en centros urbanos. O bien exhibiendo como todo el mundo *Barbie* (2023), por poner un ejemplo, que supuso ese verano de 2023 récords históricos de público en los cines o, compartiendo otras copias con más exhibidores en la plaza o, como Miguel Ángel en sus Embajadores, incorporando la animación de los pequeños u otras propuestas más comerciales a sus contenidos, Pero yo para Groucho no quiero este cambio. Me gusta seguir peleando por una oferta exclusiva y por el cine de autor como contenido único y esto se fue viendo con el paso de los meses que iba a ser una quimera.

Tras dos décadas en la exhibición pensé que este era mi final en el cine, el definitivo. Así, intenté ofrecer a unos y otros mis salas para su continuidad. En plan personal, a mucha gente con la que contactaba en esos meses, en convenciones de distribuidoras o en algún encuentro en festivales. También a las asociaciones del sector, incluso se puso a la venta en la misma inmobiliaria que veinte años antes me ayudó a encontrar el local. Varios meses en la perspectiva de alguien con un serio interés por continuar gestionando las Salas Groucho en Santander. En esa idea estoy.

Pero como este 2024 celebro veinte años desde la apertura, pienso en hacer un evento distinto para su conmemoración y organizar un ciclo de nuevo, con varios títulos alternándose durante una semana y alguna actividad más. Llevo años sin realizar ninguno. Así que he pensado en preparar uno para los próximos meses, en mayo o a comienzos de junio de este 2024. Versará sobre las salas de cine, tema que me pilla cercano y estoy madurando el pasar varias películas como una especie de homenaje a todas las salas que en el pasado ofrecieron este arte. Se me ocurren *El imperio de la luz* (2022) de Sam Mendes,

Un segundo (2020) de Zhang Yimou, *La última película* (2021) de Pan Nalin o *Retratos fantasma* (2023) de Kleber Mendonça junto con otros títulos y sin olvidarnos del *Cinema paradiso* (1988) de Giuseppe Tornatore. Hay mucho material sobre el cine dentro del cine, pero no tanto sobre las salas de cine. Veremos qué se me va ocurriendo en estos meses de preparación para con ello celebrar este XX aniversario de Groucho.

ÍNDICE

AGRADECIMIENTOS

A Pablo, Mara, José Luis, Begoña, Luis, Pedro, David y Nacho, conejillos de indias del texto en diferentes facetas.
A Pablo Miranda el informático que me ayudó con estos temas.